崩解慣性思維

你不
意，
只是靈感迷路了

劉惠丞、楊忠——著

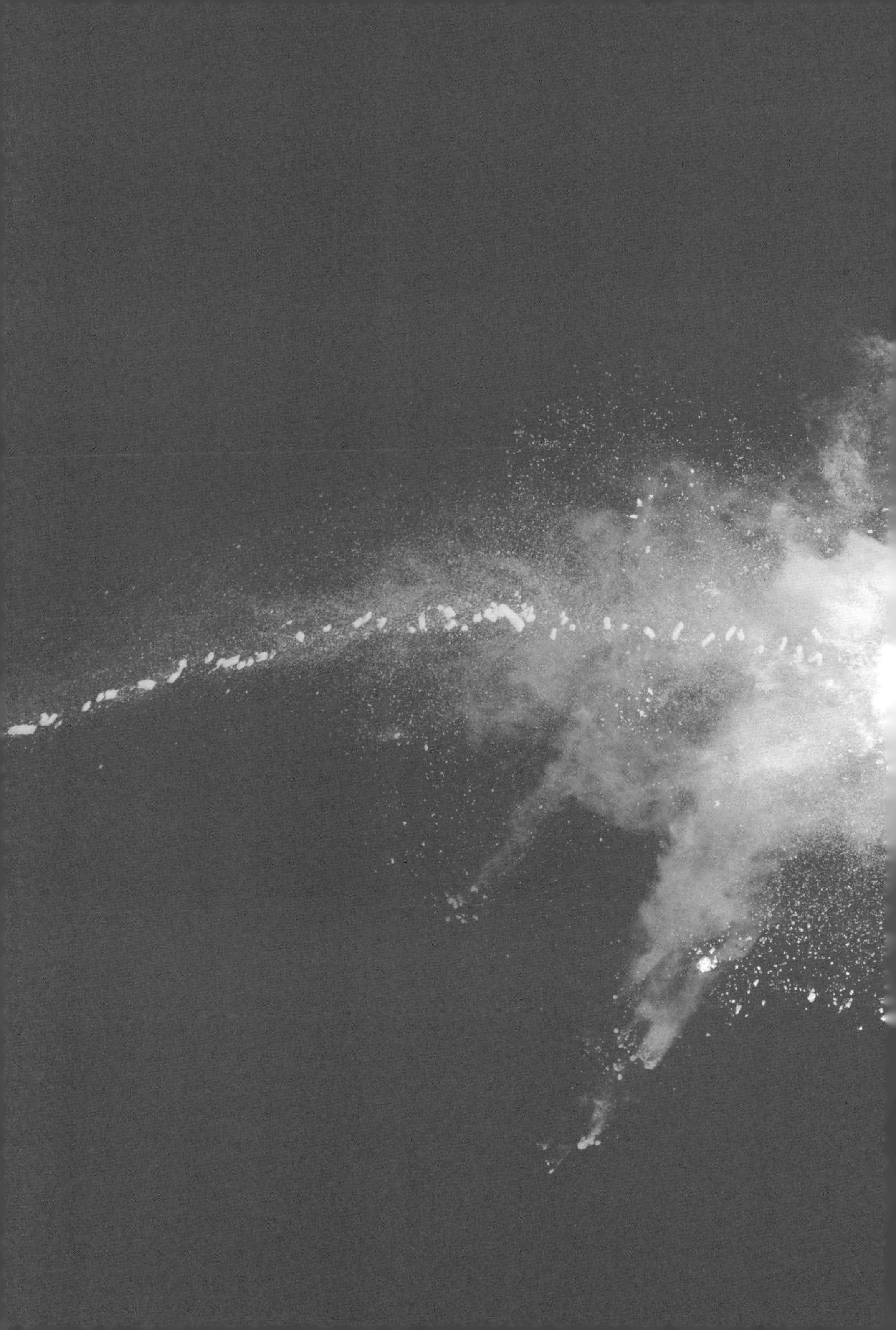

崩解慣性思維
你不是缺少創意，只是靈感迷路了

目錄

第一章 勇於衝破傳統觀念

崩解慣性思維
你不是缺少創意，只是靈感迷路了

第五章 擁有高創商的智慧

崩解慣性思維

你不是缺少創意，只是靈感迷路了

第一章　勇於衝破傳統觀念

學會打破慣性思維

我們在學習過程中都有過這樣的感受：當我們學習了加法，會很容易用加法來解決問題，效果也不錯；我們學習了減法，也會用減法來解決問題。可是當我們在解題過程中遇到一個需要用加法解決的問題那就糟糕了，因為有一部分同學一定會習慣於用減法來解答這道題。其實我們出現這樣的問題，就是我們的慣性思維在作怪。那麼如何克服這個問題呢？下面我們就以學習為例，從幾個方面來進行分析。

第一，拋棄「題型意識」，打破練習中的慣性思維。

所謂「題型意識」就是在練習過程中因為老師多次進行的歸類練習，學生逐漸形成對某一類題型的解答慣性。由於我們形成了一定的慣性思維，所以，我們在解題的過程中往往只注意題目的外在形式，從來不考慮這道題的實質是什麼？

比如：我們在學習了行程問題中的兩人相遇問題之後，我們基本建立了相遇問題中的路程等於速度和乘以時間這一個公式。但是，這一公式卻不能解決所有的相遇問題。如果有這樣一道題：甲乙兩輛汽車同時從台南新竹兩地出發，甲每小時走四十五公里，乙每小時走五十五公里，四小時後相遇，甲乙兩地相距多遠？相遇時乙比甲多走多少公里？我們在解決第一個問題時，確實用到了路程等於速度和乘以時間這一公式，可是在解決第二個問題時，發現要用速度差乘以時間才行。這麼一來，我們以後若是碰到相遇問題，就能夠靈活分析，打破原來解決相遇問題中首先想到路程等於速度和乘以時間這一慣性思維。

第二，注重「結合現實」，打破練習中的慣性思維。

所謂「結合現實」就是要結合我們生活的現實，幫助我們理解問題，促使我們能夠積極主動投入到解決問題的過程中去。

比如：我們在學習了分數的大小之後，書上給出的都是一些這樣的題目：黃豆中蛋白質含量大約是黃豆的五分之二，蠶豆中蛋白質含量大約是蠶豆的四分之一，請問哪個蛋白質含量高一些？這些問題最終的結論都是哪個分數大，哪個就高；哪個分數大，哪個就多。如果遇到這樣的題目：小李和小王跑同樣的一段路，小李用了五分之二小時，小王用了三分之一小時，誰的速度快一些？如果我們也不管三七二十一，也處理成哪個分數大，哪個速度快，就錯了。所以我們一定要把眼光放在自己的實際生活中，這樣我們才能積極主動的進行思考，從而打破慣性思維。

第三，學會「舉一反三」，打破練習中的慣性思維。

任何事情都需要懂得「舉一反三」，「舉一反三」有利於培養我們思維的廣闊性和靈活性。它要求我們能夠根據對一個問題的思考，引發對眾多問題的思考，從而融會貫通。

比如我們在學習了異分母分數大小的比較之後，我們的一般思維就是把異分母分數化成同分母分數，靈活一點的就是把異分母分數化成同分子分數。可是有的時候我們在比較六分之五和七分之六時，卻是這樣說的：六分之五離一還差六分之一，七分之六離一還差七分之一，六分之一比七分之一大，說明六分之五比七分之六小。我們在比較六分之五和七分之六時，實際上是選擇了一個標準量——一，就像我們比較整數的大小時用到的一樣。其實在我們積極思考中，不但靈活的掌握了比較分數大小的方法，更重要的是學會了「舉一反三」，從而打破了練習中的慣性思維。

第四，注意「發散思維」，打破練習中的慣性思維。

思維的發散性是兒童創造思考的主導部分。我們對一些問題的解決容易受到慣性思維的影響，實際上是我們的思維沒有發散的原因。因此，我們在日常生活中要開展探究，多思考，多反思，從而培養自己的發散性思考。

【小發明大創造】

第一輛現代火車的發明者

一七八一年，一個叫喬治．史蒂文森的小孩在一個英國礦工家庭出生，這個小孩出生後一直沒能接受教育，到了他快二十歲的時候還目不識丁。突然有一天，他一個人偷偷跑進一家教室開始了學習生涯，當時有很多小孩子都嘲笑他，很多大人更是覺得可笑。

但就是這麼晚進入學堂的一個人，在他二十九歲那年，開始摸索製造蒸汽機車，並預感到蒸汽機車具有光明的前景。一八一七年，史蒂文森想在利物浦到曼徹斯特的鐵路線上試行自己的蒸汽機車，並且想承包這條路線上的全部運輸任務。但是，保守的鐵路擁有者卻對蒸汽機車的能力表示懷疑。他們依然覺得用傳統的在鐵路邊上固定的牽引機來牽引火車比較安全可靠。年輕的史蒂文森消除大家的疑慮，又專心研究，製造出了性能非常好的新機車。終於，利物浦和曼徹斯特鐵路成了世界上第一條完全靠蒸汽機運輸的鐵路線。

【小故事妙思維】

一億日元得標

日本廣島市水道局想繪製一幅能用電腦來控制的示意圖。這幅示意圖包括該市地下的電線、煤氣管和自來水管的閥門位置，以及管道的種類和鋪設的時間等內容。

消息公布出來後，很多公司爭相競標，內定的價格為一千一百萬日元，但是最後卻是由以製造大型電腦著稱的富士通公司，以一億日元的價格得標。

有很多人覺得富士通真是失策，認為這是一個其實不明智的舉動。但其實富士通公司看重的並不是這一次繪圖的價格，而是背後的電腦。既然已經得到了繪製權，自己對線路比較熟悉後，那麼日後的電腦控制系統自然也會交由富士通公司負責。

要敢於進行質疑

古人云：「疑者，覺悟之機也。」我們在閱讀一篇資料的時候，要學會找出裡面自己不懂的地方，然後一邊進行閱讀一邊找答案，這樣順藤摸瓜下來，對文章的理解也就水到渠成了。

如何才能培養自己大膽質疑的能力呢？有下面這四點方法：

第一，反覆思考，悟出道理。

我們在學習新知識的時候，一定要多進行思考，這樣才能不斷的對所獲取的知識進行加工處理，從中悟出某個道理，並透過說或者寫的方式表現出來。其實，當我們要學習新知識的時候，不妨可以把自己的一些想法和疑問寫在預習本上，這樣可以讓我們有意識的去進行質疑。

第二，時常想像，培養能力。

我們在長期的思維能力訓練過程中，往往注重的是實實在在的人和事，而忽視了對自身的聯想和想像能力的培養。所以我們在以後的學習中一定要把想像力與發散思維結合起來。

第三，解決疑難，敢於創新。

創新精神是指人們從事創造性活動的願望與態度，它決定了人們願不願意進行創新、敢不敢進行創新的一種欲望和傾向，它更是創新能力的基礎和動力。我們具有了創新能力，就能很好的打破傳統思想的束縛，讓我們能夠看到未來，每一天才能充滿激情的進行學習和生活。

第四，團結協作，發揮潛能

在現代科學技術快速發展的今日，人們的生活節奏越來越快，隨著資訊時代的到來，當今社會越來越注重個人能否與他人合作共事，能否準確、有效的表達自己的看法和見解，能否領悟、總結和吸收他人的意見、建議等。因此，今日的我們更要重視培養同學與同學之間、同學與老師之間團結協作、合作共事的團隊精神。從某種意義上說，合作意識的不斷增強正是自我成長的表現。

我們在學習中提高自己的合作意識，可採取以下策略：一是注重資訊的多向互動式交流。也就是當我們在學習過程中遇到難題，要及時與同學進行探討、交流。二是實施小組合作學習。我們要積極參加這種小組的合作學習活動，這樣不僅解決了我們心中的難題，還能從合作學習中發現新的學習方法，這有助於我們的學習能力不斷提高。最後是當我們合作進行學習時，同學之間探討的問題一定要有難度和挑戰性。這樣，才有利於大家的思路盡現出來，並透過語言進行碰撞，同時又在觀察、比較、歸納、概括中相互接納，既滿足了同學之間的不同需求，又鍛鍊了他們的表達能力。

十九世紀法國偉大的現實主義作家巴爾扎克曾經說過：「打開一切科學的鑰匙，毫無異議的是問號。」在大力提倡優質教育的今天，作為學生的我們，更要適應開放性的教學方式，提高自我的問題意識，培養自己的質疑能力，最大限度發揮自身的創新思維能力，這無疑對我們學習能力具有極其大的幫助。

【小發明大創造】

保溫瓶的發明者

幾乎家家戶戶都有的保溫瓶的發明時間其實並不長，它是蘇格蘭科學家詹姆斯·杜瓦在一八九二年發明出來的。但是這個科學家雖然發明了保溫瓶，但他並沒有預料到它的巨大價值和市場潛力。一九〇三年，德國玻璃製造工人申請並獲得了保溫瓶的專利，並且開始了把保溫瓶投入市場。取得了巨大的成功

【小故事妙思維】

顧客是「種」出來的

日本有一家旅館，生意一直不景氣，為了吸引顧客，有人給他們出了一個主意。不久後，旅客只要經過這家旅館，就會看到一則廣告：「親愛的顧客，您好，我們旅館旁邊有一塊空地，專門給前來的旅客種植紀念樹。如果您有興趣，不妨種下幾棵，我們為您拍照留念。樹上可留下木牌，刻上您的名字和種植日期。當您再度光臨本店時，小樹定已枝繁葉茂，這將是一件多麼讓人期待的事情呀。本店只收取樹苗兩百美元。」

廣告打出後，立刻吸引了不少的顧客，而且大大的增加了一批回訪客，旅館生意日益興隆。

克服對老師的偏見

現在很多同學認為學習的目的就是為了老師。抱著這樣的思想，假如一有老師對自己好，他們就感覺學習起來非常有信心，乃致於廢寢忘食夜以繼日。還有許多同學對老師特別的崇拜，把老師當作神一樣看待，老師說的任何話都言聽計從。

當然，老師也會喜歡這種喜歡學習，特別聽話的學生，但是喜歡歸喜歡，老師仍然會對這些學生嚴格要求，所以當他們出現不良行為之後，老師也會教訓他們。比如，如果因為不用功而沒考好，老師必然會告誡你。這時如果你是為了老師而學習，心理也許就會承受不了，覺得自己過去的努力都成了泡影，老師以後再也不會喜歡我了。

為了老師而學習的同學往往把老師對自己的態度看得極為重要。老師的一個眼神、一個姿勢，都能讓他在意半天，老師是不是對我不好了?是不是對我有意見了?這實際上代表了他對老師的依賴，代表了自己的獨立性和自主性不夠。

其實，這種對老師的依賴性是中小學生普遍存在的。但是要知道，學習要好最有效的辦法就是依靠自己，而老師講課只是作為我們獲取知識的重要手段之一。所以，我們在上課的時候一定要認真聽講，並且積極思考。很顯然，只有當我們自己努力以後，才能從過度依賴老師進步到依靠自己來學習，這也正印證了「師傅領進門，修行在個人」的這句古話。

當遇到一個不喜歡的老師時，第一任務就是分析一下，自己究竟為什麼不喜歡他，不喜歡他的什麼地方？是穿衣風格你不喜歡，還是行為舉止惹你討厭？不喜歡一個人有很多種原因，而且往往是從不喜歡一個人的某一方面，發展到最後不喜歡這個人的。一般情況下，我們不會不喜歡老師所教授的知識，因為知識就是知識，一般不會令你去討厭它。如果誰說「我就是不喜歡數學」或「我就是不喜歡英語」，這也是學習興趣的問題。

所以，我們要把老師與老師所講的知識區分開來。老師是傳播知識的，而你是來學習知識的。你可以對老師有好惡之感，但對老師所傳播的知識不能有好惡之情；你對老師可以有好壞的印象，而對知識則無所謂好壞的印象。老師總會離你而去，而學到的知識永遠都是你的，是儲存在你腦中的財富；老師是一時的，而你學到的知識是永恆的。你可以不喜歡老師，但不能拒絕學習知識。

把這兩件事都想清楚了，為了更好的學習，我們就應該想辦法把「不喜歡」變成「喜歡」。最好的辦法就是找老師談話。如果感到不好意思，也可以用寫信的方式進行交談，把自己的想法說給老師聽，讓老師有機會瞭解你。

我們平時多觀察就會發現，人與人之間的矛盾主要產生於缺少溝通或溝通不當。很多時候，隨著溝通的順利進行，矛盾也就解決了。但是，在找老師談之前，你還要想明白一件事，那就是你不喜歡老師的哪一方面。如果你原來的班主任是女老師，態度和藹，而現在的班主任是個男老師，相對來說顯得有些嚴肅，那麼只能由你去適應這個男老師，而不能要求他變成女老師。

最後，請大家記住，在你的成長過程中，老師僅僅是一個輔助條件，學習是自己的事，而不是老師的事。

【小發明大創造】

玻璃的發明

人們最初發現玻璃是在火山噴出的酸性岩凝固後的物體中。大約在西元前三千七百年前，古埃及已經出現了玻璃裝飾品和簡單玻璃器皿，但這些都是有色玻璃；約西元前一千年前，中國便出現了無色玻璃；西元十二世紀，玻璃開始成為工業材料；十八世紀，為配合研發望遠鏡的需要，出現了光學玻璃。一八七三年，比利時首先製出平板玻璃。一九〇六年，美國製出平板玻璃引上機。此後，隨著玻璃生產的工業化和規模化，以及現代科技的發展，各種用途和性能的玻璃相繼問世。

【小故事妙思維】

貨車上的蜜月

美國德克薩斯州有一家貨運公司千方百計的想要擴大知名度，但一直收效甚微，於是他們四處請廣告公司幫忙設計，生意也是不見起色。眼看著公司生意越來越慘澹，無奈之下，公司經理病急亂投醫，找了一個出版界的一位朋友，請他出謀劃策。

這位出版界的朋友剛剛結婚不久，他順理成章的想到了結婚，於是說出了自己的構想。幾天後，當地的著名報紙上出現了這樣一則廣告：「他們在貨車上度蜜月，相愛四點五萬公里。」這則廣告一出來就受到很多情侶的追捧，這家貨運公司很快就聞名遐邇。

放棄不現實的目標

英國偉大的政治家伯基說：「無法付諸實現的事物，是不值得我們去追求的。在這個世界上，如果是經過瞭解及正確的追求後仍然無法得到的東西，那麼這種東西對我們毫無益處可言。」

在我們的人生中，經常會遇到失敗，其實這並不完全是由於你的能力和學識不足，很多時候是由於你錯誤的選擇了一個目標，並且還沒有及時選擇放棄。所以失敗正好可以讓你對自己的目標進行重新的思考，重新找到適合自己的目標。

安娜是美國著名的不動產經紀人，可是她最初只是一位酒水推銷員，當時推銷員是她的第一份工作，她也不知道自己到底能做什麼，於是她就認為自己以後的目標就是推銷葡萄酒。

剛開始的時候她是為一個賣葡萄酒的朋友工作，到了後來又開始為一位葡萄酒進口商工作，最後和另外兩個人聯合辦起了自己的進口業務。但是她們的生意很不好，她的朋友都已經改行了，可是安娜還是堅持到最後，因為她自己不知道自己還能做些什麼，結果她輸得很慘。

有了這次教訓之後，她被迫開始去學習一門如何做生意的課程，她的同學有的是銀行家、藝術家、大學教授，她逐漸發現這些人並不覺得自己僅僅是個賣葡萄酒的，而認為她是一個很有能力的人，這些人的看法讓安娜拋棄了自己原來的目標。她開始仔細分析、試著嘗試其他的行業，找到一個適合自己的行業。最後，她選擇了做一名不動產經紀人。

心理學家的研究表明，一個人一生中至少要經過兩到三次的變化，才能最終找到適合自己的目標，而找到自己合理的目標後，則需要用同樣長的一段時間來適應這一個目標。

人生是需要目標的，特別是一個真正屬於我們自己的目標。我們只有找到一個適合自己的目標才能為了目標努力奮鬥。作為一個人，我們必須明白自己想要什麼，要達到一個什麼樣的標準。

英國著名詩人白朗寧在〈一個數學家的葬禮〉中寫道：「實事求是的人要找一件小事做，找到事情就去做；空腹高心的人要找一件大事做，沒有找到則身已故。實事求是的人做了一件又一件，不久就做了一百件；空腹高心的人一下子要做百萬件，結果一件也沒有實現。」其實我們仔細品讀這幾句詩就會發現，白朗寧生動的說明了制定目標必須要適當，而且必須要現實。

因此，如果我們希望自己的目標能夠長久維持，並且能夠透過努力實現，那我們就要像鋼琴的調音工作一樣，一旦有了什麼樣的偏差就要及時鞏固和強化，並且這種鞏固和強化工作不能只做一次，要持續進行，直到自己的目標完全實現。

【小發明大創造】

不鏽鋼的發明者

一九一二年，布雷爾利試圖把鉻與鋼熔合起來，製造出一種適用於來福槍槍管的合金。布雷爾利還發現熔合後產生的金屬不產生鐵鏽。實際上他無意中得到了一個百分之十八的鉻，加上百分之八的鎳的公式。後來布雷爾利想到這對一些經常容易有生鏽煩惱的刃具會很有益處。於是，在一九四一年他製造出了用該材料造出餐刀和餐叉，這種金屬因為有「不生鏽」的功能而大受人們青睞，流傳的非常快，後來人們稱其為「不鏽鋼」。

【小故事妙思維】

妙筆遮瑕

從前有一位國王，雖然身體強壯，但是有一隻眼是瞎的，一隻腿是瘸的。有

崩解慣性思維

你不是缺少創意，只是靈感迷路了

一天，國王召來三位有名的畫師為他畫肖像。

第一位畫師把國王畫得全身神采奕奕；第二位畫師按照國王本來的樣子，畫得十分逼真。第三位畫師，他畫的是國王在打獵，手舉獵槍在瘸腿上，瞎眼緊閉著瞄準前方，國王看了第三位畫師的畫感到十分的高興。

打破權威的神話

曾經有這樣一件事情：有一個人在他小的時候忽然有一天感覺膝關節很疼，甚至不能行走，於是母親帶著他四處求醫問藥，最後不得已做了手術，手術後他的雙腿長度相差七公分。幾十年過去了，他已經到了退休的年齡，一次偶然的機會，他得知自己的腿當年竟然是誤診，也就是說，他本來可以不是瘸子。於是他重新做了手術，雖然時隔了這麼多年，手術的難度也很大，但是手術很成功，他的腿恢復的非常好。

看了他的經歷，我們的第一反應就是痛恨那個庸醫，一次誤診害了人的一生。但是他卻說如果要真是個名不經傳的庸醫倒好了，可他偏偏遇到的是個名醫，是個權威。幾十年來，凡是有醫生對他的腿病發出質疑，但一問到手術是誰做的，他報出那個如雷貫耳的名字時，他們就緘口了。因為他們正是那個名醫的學生，老師的結論，他們不敢瞎猜疑。名醫的誤診，封死了所有的改正的機會。

著名物理學家，諾貝爾獎獲得者楊振寧在清華大學演講說道：「年輕人的膽子要大一點。」用專家們的話來說，也就是現在不少孩子由於從小接受的是應試教育，思維受慣性影響，順著成人模式來想事情，很少從相反方向考慮。這不利

崩解慣性思維

你不是缺少創意，只是靈感迷路了

於從小培養我們敢想、不唯書是從的品質。

西方教育專家認為，東方的教育非常規範，很注重傳統的價值觀、道德觀、倫理觀教育，也很注重智力教育，而東方的孩子也很聰明，但是對孩子的綜合能力和動手實踐能力的培養不太重視，這樣將無法適應未來社會對人才選擇的要求。目前，東方的基礎教育系統正在由「應試教育」向「優質教育」轉軌，而「應試教育」的最大弊端之一就是將我們與生俱來的個性和創造潛力幾乎扼殺殆盡，它使得基礎教育之路越走越窄。

如果想要從「應試教育」的誤區中突圍出來，就必須從尋找其薄弱處下手。而這個薄弱處正是長期被忽略和冷落的創新教育。所以作為學生的我們要敢於創新，大膽提出不同的觀點，勇於質疑權威。

西方人有句口頭禪「試試看」，一件事情我們到底行不行，不要輕易下定論，也不要被權威所嚇倒，可以讓自己先試一試再說。「雜交水稻之父」袁隆平，他的成功就來自於不迷信權威的試一試。「凡自體授粉的植物沒有雜交優勢」這是植物學權威們一致認同的，而袁隆平透過自己的研究觀察，發現自體授粉的水稻有雜交變異的趨勢，終於培育出雜交水稻高產優質品種，為緩解全球日趨嚴重的地少人多的矛盾，貢獻了自己的智慧。

如今的時代已經不再需要人云亦云的庸才，而需要個性鮮明，觀點獨到的人才。我們一定要有信心與活力，更需要變革創新的勇氣與膽略，有質疑權威的勇氣，不要被傳統僵化的思想禁錮，心中一定要有「天生我才必有用」的信念。

【小發明大創造】

打火機發明於十六世紀

關於打火機的發明者是誰，一直沒有公論。現在已知的最早的打火機繪圖出現在西元一五〇五年德國紐倫堡地區一名貴族收藏的手卷中，另外文藝復興大師李奧納多．達文西手卷中也有類似機械的圖繪。不過由於李奧納多．達文西手卷的時間無法確定，所以人們估計繪成時間可能在西元一五〇〇～一五一九年之間，所以兩者雖然類似，卻不能肯定的將之歸功於達文西，因為達文西也可能是在看到別人的發明後記錄下來的圖繪。現在我們唯一確定知道的就是打火機發明於十六世紀。

崩解慣性思維

你不是缺少創意，只是靈感迷路了

【小故事妙思維】

大仲馬的稿費

法國瓦利劇院的經理和文學家大仲馬是好朋友，有一段時間劇院的生意非常冷淡，每場只有幾百名觀眾。劇院經理於是請求大仲馬為他趕寫一部新作，希望他的劇作能挽回局面。如果能讓生意重新興隆，就答應給他一萬法郎的巨額稿酬。但是前提是新劇本的前二十六場演出收入要達到六萬法郎。

大仲馬答應了這位經理，於是廢寢忘食的寫了一部劇本，當這部劇演到第二十六場的時候，大仲馬找經理要那筆稿費。那位經理說到：「親愛的大仲馬先生，很遺憾，二十六場我們只收入了五點九九九七萬法郎。」言語間沒有一絲誠意。大仲馬聽後一句話沒有說，從自己口袋裡掏出三法郎，這樣一來，劇院經理雖然不情願，但也不得不支付大仲馬稿費。

敢於嘗試，敢於犯錯

我們想要擁有創造性，想要在某一個領域率先取得成功，那麼你也可能會率先在這些領域裡犯下很多的錯誤，嘗試到失敗的滋味。

失敗與錯誤其實就是一對雙胞胎，偉大的科學家愛因斯坦說過：「從未犯錯的人就是從未嘗試任何新事物的人。」有創新力的人比墨守成規的人會犯更多的錯誤，遭遇更多的失敗，但是這卻能表示他們更加敢於嘗試，也會有更多的想法。由於有更多的可能性，所以錯誤和失敗是難免的，但是這麼一來成功的機率也就增加了。

其實最重要的是我們如何看待失敗，愛迪生說：「我沒有失敗，我只是找到一萬種無效的方式罷了。」事實也正是這樣，只有不再嘗試，才能算是真正的失敗。還有一種更有創意的想法：失敗既然是難以避免的，那就讓自己盡可能快速的失敗。這是某位諾貝爾物理獎得主的名言。

有創意的人不僅不怕失敗，而且歡迎失敗，這也就是所謂的「創造性失敗的方法學」。我們都知道失敗是成功之母，更是獲得創新和突破所要經歷的重要過程，因為失敗就像犯錯誤一樣，經常是在我們意料之外的，成功只有一種，但是失敗卻可能會產生很多我們原來想都沒有想到過的情況，這些我們根本沒有想到的情況，自然會對我們產生新的刺激，讓我們看到新的可能性，甚至會給我們帶來比失敗更讓人意外的新發現。

在人類科技以及文明發展的進程中，有很多事情都是這樣的情況。比如哥倫布發現新大陸，客觀的說，這是一次失敗的任務，因為他並沒有抵達之前所預定要抵達的印度，但是這項失敗的任務卻讓他意外發現了美洲，而整個人類歷史的發展也因此發生了翻天覆地的變化。

失敗的次數越多，這樣的機會也就越多。又例如偉大的醫學家弗萊明曾經就是因為兩次失敗而給他帶來了意外的驚喜。他和其他研究細菌的專家一樣，也是自己培養細菌。一九二二年，他在實驗室裡面忍不住打了一個噴嚏，結果噴嚏的黏液濺到了培養細菌的容器裡，由於細菌受到了感染，於是這次培養就失敗了。可是弗萊明卻注意到有噴嚏黏液的地方卻沒有生長細菌，於是他轉而研究噴嚏黏液，結果發現了溶菌酶，這是人體分泌的一種可以溶解於細菌的重要物質。

一九二八年，弗萊明又開始做葡萄球菌的培養，有一次他外出度假了兩個星期才回到家中，發現葡萄球菌又受到了感染，而且還長出了綠色的黴狀物。他當時心情特別不好，但是他仔細觀察後發現在這些綠色黴狀物的周圍葡萄球菌居然消失了。後來他研究發現，這些綠色黴狀物具有殺死和抑制葡萄球菌生長的作用，這也就是今天人們常用的青黴素。

在創造的過程中，失敗與錯誤是經常有的事情，它們就像是一塊踏板，告訴我們下一步應該走向哪裡。我們只要願意、甚至敢於冒險、敢於犯錯，就能成為真正有創意的人。

【小發明大創造】

電冰箱的發明過程

一八三四年，第一台壓縮式製冷裝置產生，是由美國工程師雅各布．帕金斯所發明，這也是現代壓縮式製冷系統的雛形。同年，帕金斯獲得英國頒布的第一個冷凍器專利。

一九一〇年世界上第一台壓縮式製冷的家用冰箱在美國問世。一九一三年，美國芝加哥研發了世界上最早的家用電冰箱。這種外殼是木製的電冰箱，裡面雖然安裝了壓縮製冷系統，但使用效果並不理想。

一九一八年，美國凱爾維納托公司的工程師設計製造了世界上第一台機械製冷式的家用自動電冰箱。它的誕生宣告了家用電冰箱的發展進入了新階段。

【小故事妙思維】

以「賊」命名的畫像

英國畫家、雕塑家威廉受邀為一個其貌不揚的資本家畫像，講好酬勞是六千美元。但是資本家看完後，卻說一點也不像自己，拒絕支付六千美元酬勞。畫家威廉感到特別的生氣，因為他花費了好幾天的精力才完成這幅畫。

不久，威廉把這幅肖像畫公開了，並題名為《賊》。資本家聽說後氣急敗壞，打電話向他提出抗議。威廉．霍格思平靜的說：「這畫與你有什麼關係，你不是說這幅畫畫的不是你嗎？」資本家無話可說，只好花重金買下了這幅畫。

善於獨立思考

在上課的時候一定要積極的思考，做學習的主人，不能死讀書，也不能總是機械的去接受老師所講的知識，要經常多問幾個為什麼。

其實這就和一個人吃飯一樣，不能一口就嚥下去，而要細細的品味，這樣才能嚼出好滋味。同學們由於在上課以前已經進行了預習，所以就會有重點的聽課。對於自己在預習的時候已經弄懂的知識點可以加深印象，而對於不懂的地方則可以認真的聽老師的講解，並做到邊聽邊思考，這樣一來同學們就能夠很好的鍛鍊自己獨立思考的能力。

同學們在學校上學期間，獨立思考能力的培養是一點點加強的，只有在自己走進職場以後，才真正的靠自己去發現問題和解決問題。所以，同學們在校學習期間，一定要注意克服依賴的心理，學會自己去思考。剛開始的時候，可以在老師的幫助和引導下，培養自己獨立思考的能力，透過自己大腦的活動來收獲知識。我們也只有在獨立思考的過程中，思維能力才更好的發展起來。

在學習期間，有老師和同學們的幫助與指導，我們可以更加大膽的進行獨立思考。即使自己出現思考不對的地方，也可以及時的從老師或者同學們那裡得到糾正。如果同學們從小學到初中都不進行獨立的思考，自己的大腦就只能停留在最初的水準。

在平時的數學學習過程中，我們經常可以看見這樣的現象，不少的同學在上課的時候懶得思考，只等著老師解答現成的答案，而自己就可以抄現成的結論。在看書的時候，也不善於去尋找問題，即使是發現了問題，也不願意經過自己的獨立思考來解決問題，遇到困難就第一時間想到去問同學，在作業中若有不懂的地方，就去抄同學的作業。這樣缺乏獨立思考的學習態度，讓他們陷入了被動學習的狀態，對學習能力的提高很不利。

同學們只有堅持獨立思考，才能使自己的思維能力不斷得到發展。所有新知識的出現，都是前人透過自己的獨立思考而發現的，我們今天學習的這麼多數學知識，就是一代代的學者透過他們的努力而總結出來的。

在學習中獨立思考，就是不盲從，不輕信，不依賴，遇到不懂的問題多想想，有懷疑的地方多問幾個為什麼，在自己沒有進行獨立思考之前，一定不要死記現成的答案。

堅持獨立思考是同學們一定要培養的能力，大家只有學會了獨立思考，才真正具備了獨立學習的能力，才能在以後的學習中獲得更大的收穫。

【小發明大創造】

椅子的發明

起初，人們為了方便，發明了凳子。從凳子發展到椅子雖然不算是一個大的發明，但卻經歷了幾百年時間。相傳，發明椅子的人是在愛情的啟發下靈光一現而想到的。據說，有一對恩愛夫妻，丈夫是個讀書人，每天在深夜讀書，妻子怕他讀書的時候後背冷，總是悄悄在身後抱著他，給他溫暖。妻子去世後，他忘不了這樣溫暖，於是發明了一種仿佛後邊有人的坐具，這就是椅子！

【小故事妙思維】

電梯裝在樓外

美國紐約有一家商場生意興隆，漸漸的電梯不夠用了，於是決定再增加一部電梯，商場老闆聘請了一位建築師和一位工程師商量怎樣增設新的電梯。專家們經過研究討論，都認為最好的方法是每層樓都打個大洞，直接透過這些洞安裝新電梯。

方案擬定後，專家們坐在商場前廳商談工程計畫。剛好他們的談話內容被一位正在打掃衛生的清潔員聽到了。清潔員說：「要是每層樓都打個大洞，肯定會弄得到處都是灰塵，亂糟糟的，到時候誰還願意來我們商場呢？」兩位工程師瞥了清潔員一眼，說：「那肯定是難免的，你有什麼好的建議嗎？」由於清潔員天天在這裡上班，對這座商場大樓非常熟悉，加上他善於觀察，勤於思考，立即說道：「要是我，我會把電梯裝在建築外。」二位工程師一聽，覺得這種方法不僅乾淨，而且省去了很多工程，就採取了清潔員的意見，把電梯裝在建築外。

相信奇蹟的存在

創造力的發揮可以點石成金，可以創造出人間的很多奇蹟。想要具有創造力，首先就要相信奇蹟的存在，更要相信奇蹟會在你的身上發生。

下面我們一起來看一個非常傳奇的故事。

有一天，湯姆看見牆上貼著一張廣告，廣告上面寫著：「誰寄給我一美元，我就賣給他一輛豪華的汽車。」他不屑一顧的對身邊的好朋友瑪麗說：「誰要是相信這個廣告，他就是一個愚蠢的人。」

可是好奇心很強的瑪麗就真的按照廣告所說的地址寄去了一美元。過了幾天以後，瑪麗真的接到了一個電話，通知她去某個地方領車。瑪麗也真的去了那個地方。到了那個地方，只見一扇豪華的大門打開了，走出來了一位高貴的女士，當她證明瑪麗的身分以後，毫不猶豫的就給瑪麗了一輛豪華的轎車。瑪麗不敢相信這是真的，於是高貴的女士告訴瑪麗，「其實我是為了報復我丈夫生前的情婦，利用處理遺物的權力，將丈夫留給情婦的汽車拍賣，並且只標價一美元。」

當湯姆看見瑪麗駕駛著一輛豪華轎車的時候，自己後悔莫及。

相信奇蹟會發生的人，應當時刻保持一種好奇心。偉大的科學家愛因斯坦曾經說過：「我沒有特殊的天賦，我只有強烈的好奇心，誰要是體驗不到它，誰要是不再具有好奇心，他就也不再會有驚訝的感覺，他將無異於行屍走肉，眼光也將是模糊不清的。」

好奇心就像是探照燈的光柱，它將永遠把探索的光芒投向創新的未來。一個人對自然界和社會上事物的好奇心越強烈，探索的光芒可以說就越亮。一切奧祕乃至奇蹟都會暴露在好奇心的巨大視野中。相反，如果一個人墨守成規，對周圍的事物都習以為常或者熟視無睹，那麼他的探索範圍將會十分狹窄，甚至連創新的機遇都碰不上。

著名的地質學家李四光，就對人們習以為常的石頭非常好奇。他在少年的時候，便對村裡面一塊來歷不明的大石頭產生了強烈的興趣。長大以後的李四光更是對各種奇怪的石頭情有獨鍾。有一次，他從大同盆地撿回一塊石頭，並發現在太行山麓也有這種冰川條痕石，出於好奇心，他決定揭開這個謎底。結果李四光經過仔細的觀察和研究，第一次發現了中國發生過第四紀冰河時期，而在這之前，外國的專家曾經斷言過，中國不可能有這種過程。

好奇心與懷疑精神有著密切的關係。一般來說，當人們尋求真理的好奇心受到傳統習俗或者傳統科學壓制的時候，好奇心馬上就轉化為懷疑精神。古人云：

「學貴知疑，小疑則小進，大疑則大進。」只有建立在仔細觀察和深刻思考基礎上的懷疑精神，才是對好奇心的進一步推進。

好奇心與懷疑精神可以幫助人們在創新領域內搜尋有意義的目標，並編織新事物之間的因果關係，但這並不意味著他們一定會創造出奇蹟。

【小發明大創造】

電燈的來歷

愛迪生一直有個夢想就是發明一種簡單明亮的能用電發亮的燈。為了研發這種燈，愛迪生在實驗室裡常常一天工作十幾個小時，不停的尋找最適合做燈絲的材料。他發明炭絲作燈絲後，又接連試驗了六千多種植物纖維，最後又選用竹絲，透過高溫密閉爐燒焦再加工，得到炭化竹絲，裝到燈泡裡，再次提高了燈泡的真空度，發明出了可連續點亮一千兩百個小時的電燈。這就是現代常用的白熾燈。電燈的發明，曾使煤氣的股票在三天內爆跌百分之十二。

【小故事妙思維】

救命的小白鼠

一家建築公司的經理收到了一份購買兩隻小白鼠的帳單，他把購買小白鼠的部屬叫來，問他為什麼要這樣做。

部屬回答說：「上星期我們公司去修的那所房子，需要重新安裝電線。但是直徑只有二點五公分的管道根本不能把電線穿過去。後來，我們買了兩隻小白鼠，一隻公，一隻母。把電線拴在公白鼠身上，讓母白鼠在那一頭吱吱叫，這樣電線就很輕易穿好了。」

懂得失敗的慣性

人人都會遇到失敗，這是毫無疑問的。但是每一次的失敗並不意味著事情的結束，要注意注意這可能是更大的失敗的開始而已。正是有了失敗，人們才才更覺得成功的珍貴和誘人。事實上，不論成功與失敗，都絕不像電子遊戲那麼簡單。很多人之所以對電子遊戲癡迷不已，正是因為遊戲中的社會博弈規則是一種想像的人生法則，可以讓玩家在最適宜於他們慣性思維的規則中獲得虛擬的成功的感覺。而現實中的人生的變數卻遠比電子遊戲要複雜得多，也更有未知性，因此更富有挑戰性，更要有趣得多。

現實版本的人生有趣之處就在於：失敗的選擇會讓人陷入失敗的慣性之中，而正確的選擇卻只不過是一個剛剛開始。最常見的人生失敗都有著「一著不慎，滿盤皆輸」的特點，但只靠著一次選擇就決勝終生的事情，卻並不常見。

「在比賽開始的時候，每個人都從零出發，每個人都是平等的。」一名教練這樣說道。他的球隊已經經歷了近十年的連敗，奧克蘭一位運動家也持有同樣的看法：「從數字意義上來說，每場比賽都是一個嶄新的開始。」

可是令人遺憾的是他們都說錯了。賽場邊的積分板也許是零比零，但是歷史的積分板卻早已寫滿。每一場比賽無法讓球隊的分數重新歸零，就像每一個新的季度對於一家企業來說並非一個嶄新的開始，每一天對一個人來說也並非是一個嶄新的開始。把一輛舊汽車的里程表重新歸零，它還是一輛舊汽車，以往出色或差勁的表現是一筆遺產、一份紀錄，會被帶到下一輪的競爭當中，當一兩次失敗變成了連敗，積累起來的動能就會成為負擔。一開始，人們並不清楚困難是長期的趨勢還是暫時的現象。然而，隨著失敗的增加，連敗主宰了歷史。

失敗會產生壓力，它誘惑人們做出降低他們解決問題能力的事情，使他們對自己、對彼此、對上司失去信心，責備、明哲保身或被動的行為會直接導致繼續的失敗，這時候更大的問題就會出現，失敗者周圍的投資氛圍會發生戲劇性的轉變——他們獲取支援的環境為他們提供的養分將大大減少。一旦被貼上「失敗者」的標籤，那些蒙受損失的人就開始真的走向了失敗。他們會發現獲得支持和機遇都變得更難，他們被批評、被施壓、被懲罰、被事後警告，被躲避，被邊緣化，他們的意見被否決，注意力被分散，援助被切斷，連敗增加了，破壞更深了，絕望感使他們鋌而走險。

其實麻煩無處不在，正確的選擇並不意味著麻煩的結束，不過是新麻煩的開始而已，所以我們不要害怕失敗，要讓自己保持信心十足的狀態。

【小發明大創造】

電風扇的發明

最早的電風扇出現於一八八二年，是由美國紐約發動機廠的技師所發明的。第二年，這家工廠便開始批量生產，那時候生產的都是那種只有兩片扇葉的台式電風扇。

世界上最早的齒輪驅動左右轉動的電風扇是由美國的埃克發動機及電氣公司在一九〇八年研發成功，這種電風扇漸漸的占據日後的主力市場。

【小故事妙思維】

牛津大學的面試題

英國牛津大學的面試題可以說是很嚴格的，有一天，一位考生進入考場，見到主考老師手中拿著一份《泰晤士報》。主考老師給這位考生的題目是：「設法讓我大吃一驚。」這位考生聽完後，一把將老師手中的《泰晤士報》搶了過來，然後用打火機燒掉。考生的回答真的讓老師大吃一驚，所以他順利的通過了考試。

突破自己的邏輯思維

想要有新奇獨特而又能運用於實際生活的發明創造，實在不是一件說了就能做的事，有時候需要有超越邏輯思維的力量。

古時候，醫療衛生條件還非常差，很多人在受傷後，因為得不到及時的外科治療，甚至連最簡單的急救包紮和消炎也做不到，所以沒過兩天人們的傷口就會化膿、生蛆，嚴重的還會直接危及生命。但是醫生卻注意到一個奇怪的現象，那些傷口長出蠅蛆的士兵，不但沒有發燒等其他症狀，連傷口也沒有繼續腐爛，反而很快就癒合了，這讓醫生覺得驚奇不已。

後來，有些大膽的醫生就試著把蠅蛆放在那些新受傷人的傷口處，傷口竟然很快就開始癒合，於是醫生便用這種方法替病人治病，竟然取得了很好的療效。

人人都知道蒼蠅很髒，但是它卻不會被細菌感染，而蠅蛆則能夠迅速的將腐肉啃噬掉，歪打正著的幫助傷口迅速的癒合。如果醫生沒有這種聰明的智慧，沒有創意性的思維，很多人受的傷就會更加嚴重了。

創業就是金錢，不管在什麼場合，你手中拿到的成功鑰匙就是創意。這是任何人都不可否認的事實。但是，要想拿出與眾不同的創意，卻不是一件簡單的事

突破自己的邏輯思維

情，你要有力量超越邏輯思維。

邏輯是人們在對自身思維過程的認識和把握的基礎上，總結出的一些基本思維規律，是在思維中要遵守的思維規則。而創造性往往是對舊的模式和規則的一種否定或者揚棄，對許多在襁褓中的新創意、新思想來說，它們往往是與原來的所謂邏輯規則不相容的，甚至是截然相反的。

可是事實上，很多奇妙的創意思維都是一些「不符合邏輯」的點子，如果我們以不符合邏輯就加以否定，對那些剛剛萌芽的創意幼苗來說，無疑是一條剝奪它生存權力的判決令。因此，這些「不符合邏輯」的思維，往往成為創造發明者創新思維的基礎。

我們從小到大接受的教育基本上都是邏輯思維。邏輯思維也是現有的知識、經驗之內的思維活動，雖然有時候它可以導致一些發明、發現，但是，它們一般都是拘泥於已經學過的知識，只是在某個範圍內按照已經知道的規律進行判斷和推理罷了。

創新思維與邏輯思維相比，不同點主要在於它具有新穎性、獨創性以及突破邏輯思維的嚴謹性。與邏輯思維不同，創新思維要突破我們自身已經學到的知識和經驗，常常是在看起來不合邏輯的地方發現突破口。創新思維在很大程度上是

崩解慣性思維

你不是缺少創意，只是靈感迷路了

以直覺、猜測、想像為基礎而進行的一種思維活動，如果我們光憑邏輯思維是不可能使一個人產生新創意的。

愛因斯坦曾經說過：「人是靠大腦解決一切問題的。」頭腦中的創新思維是人們進行創新活動的基礎和前提，一切需要創新的活動都離不開我們的思考，更離不開創新思維。

而我們想要培養創新思維的話，必須要勇敢的衝破傳統的看事情、想問題的模式，透過全新的思路來考察和分析問題，這樣才有可能產生大的突破。

【小發明大創造】

機車的來歷

機車，又名機器腳踏車，是德國人戴姆勒在一八八五年發明的。戴姆勒曾經是一位在工廠任職的青年技術員，為了研發一種小巧而高效的內燃機，他毅然辭去了工廠職務，之後，他參加了一個專門進行科學研發的機構組織，在一八八三年研發出第一輛機車雛形，並於同年十二月十六日獲得德意志帝國第二八〇二二號專利。

一八八五年八月二十九日，戴姆勒把經過改造的汽油引擎裝到木製的兩輪車上，這就是現代機車的鼻祖，並獲得了專利。

【小故事妙思維】

劣質畫展

一位名叫諾曼的美國收藏家，他有個特殊的愛好，喜歡收藏劣畫，他收購劣畫有兩個標準：名家的「失常之作」；或者是那些價格低於五美元的無名人士的畫。他前前後後大約一共收集了二百多幅劣畫。

一九七四年，他在報紙上登出廣告，要辦首屆劣質畫大展，目的是為了讓年輕人透過欣賞這些不同水準的畫作，讓他們在比較中學會鑑別，從而發現好畫與名畫的真正價值。

這次畫展舉辦的很成功，有很多大人、業內專家都爭先恐後進行參觀，有的人甚至不遠千里日夜兼程的趕來觀看。

第二章　激發自我的心智

崩解慣性思維

你不是缺少創意，只是靈感迷路了

樹立遠大的理想

理想是前進的照明燈，是鼓舞我們奮鬥的風帆。當你在心中立下遠大的理想，你就會為了理想而不懈的奮鬥。理想是人們對美好事物的一種追求，如果一個人沒有理想，那麼他就會平庸一生。所以，我們從小就要樹立遠大的理想，這樣就能夠激發我們的學習興趣，促使我們一生都積極主動的學習，積極主動的求知。

對於我們來說，樹立了遠大的人生理想，就意味著點燃了我們內心深處主動學習的興趣，這也將引導我們走上學業成功的康莊大道。

其實任何平凡的人和偉人之間並沒有不可逾越的鴻溝，關鍵是能否把宏大的理想化為催人奮進的動力。

我們一定要明白，只有當我們自己樹立起遠大的志向，並煥發出火一般的熱情時，才能衝破層層阻力和障礙，克服重重的困難，為實現自己的志向而奮鬥的時候，才能將理想變成現實。所以，我們在樹立正確而遠大的理想時需要把握以下兩點：

第一點，樹立高遠的理想

樹立遠大的理想

「欲立志，必立大志」，「志當存高遠」。正像美國第十六任總統林肯說的那樣：「噴泉的高度不會超過它的源頭；個人的事業也是這樣，他的成就絕不會超過自己的信念。」這是因為越是遠大、崇高的理想，越能激勵人的鬥志，越能使人執著的追求，做出不平凡的成就。

只要早立大志，儘早踏踏實實的做起，人人都能成為社會的棟樑。要知道，人生是海洋，理想是燈塔，只有遠大理想的光芒照射，才不會在暴風雨中迷失方向。

第二點，要將遠大理想和奮鬥精神相結合

樹立了遠大理想的人要懂得：「千里之行，始於足下」，如果沒有自己的拼搏奮鬥，理想只能化為泡影，將來哪一行的「狀元」也當不成。所以，我們一定要為了自己的理想努力奮鬥。

明朝時著名學者王陽明說：「立志者，為學之心也；為學者，立志之事也。」這就是告訴我們從小要樹立遠大的人生志向，確立宏大的人生追求，就能夠自發主動的學習，奮鬥不息。

可以說，一個沒有理想的人，他的世界是黑暗的，沒有理想，人生就會成為一片荒原。但同時我們應該清楚的認識到理想不等於空想。理想需要用意志、勇氣，以及吃苦耐勞的精神去拼搏和追求；理想只有在堅定的奮鬥中才能閃現出明亮的火光，從而讓自己揚起人生追求與奮鬥的理想風帆。

對於我們來說，理想的種子一旦生根、發芽，就會轉化成勤奮學習的動力，而且這種動力是持久的。而如果沒有理想，就不知道自己學習的目標在哪裡。在這種情況下，只要稍微有點阻力和困難，便會產生放棄心理，更不用說克服困難。

總之，只有樹立了遠大的理想，才能激發自己對知識的渴望，激發自己的學習興趣，才能使自己變得主動起來，愛上學習，從而取得理想的成績。

【小發明大創造】

電腦的來歷

電腦本來指的是計算機，人類發明電腦最初的目的，就是說明處理一些複雜的邏輯運算。而這種人工計算機的概念是由十七世紀的法國大思想家帕斯卡提出。

在帕斯卡所處的時代，當時的幣制不是十進位，他的父親擔任稅務局長，長期需要大量的運算。帕斯卡為了減輕父親的負擔，根據齒輪工作原理，專門為父親製造了第一台可以執行加減運算的計算機。

後來，德國數學家萊布尼茲對帕斯卡的成果加以改良，出現了可以做乘除運算的計算機。而第一部真正意義上的電腦，則誕生於一九四六年的美國，由毛琪利與愛克特發明的電子數值積分計算機，名字叫做伊尼亞克。

【小故事妙思維】

廢墟上的花旗銀行

兩百多年前，洛杉磯發生了一次史上罕見的大地震，這次大地震之後，許多前來尋夢之人的家園頃刻間變成了一片瓦礫。

然而就在這次強地震的第二天清晨，有一個從廢墟中爬起來的人，他把一塊木板往兩個大鐵皮桶上一放，就這樣開始了廢墟上的小額信貸業務。經過一段時間的發展，成為了全球著名的花旗銀行。

興趣是最好的老師

興趣永遠是最好的老師，有了興趣就等於擁有了求進步的動力，這樣我們就更擁有了創造的財富。

小方的學習成績一直以來都不是很好，但是他對籃球的瞭解卻是同學們誰也不能比的。他在平時上課的時候，總是一副無精打采的樣子，不是打瞌睡，就是東張西望，有時候還在自己的課本上面無聊的畫著東西，好像讓他安安靜靜的坐一分鐘都是難事。

但是一等到下課，馬上就會有很多的同學來到小方的身邊，大家圍著他，聽他講籃球的一些事情。他能輕而易舉的就說出任何年代、任何球員的進球、得分、投籃的特點，以及整個賽季的賽程安排等多得讓人驚訝的資訊。這時候的小方簡直成了一個口若懸河的小老師，成為了眾多同學所崇拜的小明星。

有一次在課堂上，老師悄悄來到小方的身邊，發現他正在專心致志的畫著畫，老師把畫本拿起來才發現小方正在畫喬丹的畫像。老師嘆了一口氣說：「小方，要是你的學習能夠像你熱愛籃球這樣就好了。」聽完了老師的話，小方自己也笑了，他對老師說：「是呀，關於籃球的一切東西，我簡直都可以做到過目不

興趣是最好的老師

忘，而面對學習，我就是感覺自己越看書越煩，怎麼也學不下去，我也不知道這是為什麼？」

有一天，小方去找老師，說出了自己心中的疑慮和煩惱。老師聽了小方的話，感到很高興，因為他自己已經開始學會找問題的原因了。老師聽完了小方的陳述，對他說：「孩子，其實一個人記憶東西的好壞取決於這個人對所要記住事物的興趣。對於有濃厚興趣和強烈求知欲望的東西，只要付出很少的時間，就可以收到驚人的記憶效果。可是對於那些自己不感興趣的東西，要想記住的話，就很困難了，即使花費了大量的時間記住了，可能過不了多長時間就會遺忘。而你正是因為從小就特別喜歡籃球，正是這份你對籃球高度熱愛的動機，讓你在這方面表現出了超常的記憶力。所以，如果你想要把學習學好的話，首先就要培養自己對學習的興趣，你要明白，興趣是做任何事情最好的老師，也是最大的動力。」

接著老師又給小方講了一個小故事，「十八世紀俄國著名的科學家羅蒙諾索夫出生在一個貧窮的漁民家庭，從小他就很喜歡讀書。有一次，他跟隨父母到海上去捕魚，遇到了強烈的颱風，眼看災難降臨，性命即將不保。這時，十二歲的羅蒙諾索夫不顧生命危險，奮力爬上遙遙欲折的桅杆，綁住了被風吹掉的船帆，才使漁船脫離了危險。

事後，他的父親為了表揚他，就問他想要什麼？羅蒙諾索夫的回答卻讓他的父親感到很驚訝，因為他只想要一本書。

從小，羅蒙諾索夫就對書籍感興趣，所以他才能夠成為俄國著名的科學家。

【小發明大創造】

罐頭發明的由來

三軍未到，糧草先行。軍隊打仗必須得有充足的食品做後盾，在過去沒有科學的保存方法的情況下，軍隊攜帶的肉類、蔬菜和水果經常大批的發臭、腐爛，會極大程度的影響軍隊的正常糧食需求，對軍心的影響也很大。

為了解決這個問題，拿破崙於一七九五年懸賞一萬二千法郎徵求軍用食品的新鮮保存法。九年後，亞培爾才找出了食品的密封儲藏法。亞培爾透過把已加熱的食物放在罈子裡封緊，再放到沸水中加熱，從而達到了殺菌長久儲存的目的。後來，英國人朱蘭將罈子換成了白鐵盒，使這種保存食品的方法得到了極大的改進和廣泛使用。

【小故事妙思維】

蘋果的斑痕

美國某地生產的蘋果受到了冰雹的襲擊，表皮上有斑痕，因而銷售得不好。面對堆積如山的滯銷蘋果，果農突發奇想，風趣幽默的說：「斑痕證明這些蘋果都生長在寒冷的高山，斑痕也就造就了蘋果獨特的風味。」結果不但當年的蘋果銷售一空，第二年的蘋果也被預定了。

培養廣泛的興趣愛好

一個人擁有淵博的學識，可以讓他自己進行異花授粉，產生比集合好幾個人進行跨學科整合或者動腦會議更好的創意和效果。

達文西、米開朗基羅和拉斐爾被世人稱之為「文藝復興三傑」，米開朗基羅和拉斐爾的成就都只是局限於繪畫、雕刻方面，但是達文西不僅是一個優秀的畫家、雕刻家，還是一個傑出的解剖學家、發明家、天文家、植物學家、地質學家、建築師、軍事武器家。這裡面當然有達文西天生聰明、多才多藝的原因，但是更重要的是因為他有著廣泛的興趣，很多領域都成為他涉獵的對象，而且都作出了傑出的表現。

《達文西．科學第一人》的作者懷特說：「對達文西來說，地理學、人體解剖學、建築學，甚至是數學，都是密不可分的，而且每一門學問都可以從其他的學問學習過程中得到某些觀點來加以驗證。他有獨特的能力，可以將不同學問的觀念交融在一起。更加無與倫比的是，他可以從藝術家的眼界來看待科學，以科學家的心智結構來創造藝術，並且以藝術家結合科學家的觀點來思考建築。」

其實很多深具原創性的大師也都具有這樣的特色，比如結構主義之父克勞德．李維史陀，最早在巴黎的索邦大學攻讀哲學和法律，後來才轉入人類學的領域，他的知識淵博，精通地質學、精神分析與社會主義，對於音樂與語言更有濃厚的個人興趣，他拿古代神話和現代交響樂做比較，指出它們「結構上的類似性」，真是叫人拍案叫絕。

精神分析之父佛洛伊德對詩歌、戲劇、小說也有著濃厚的興趣，而且寫作散文更是高手，他曾經獲得歌德獎。這個獎之所以頒給他，並不是因為他對人類心理的精深研究，而是在獎勵他對德國文學的貢獻。他不僅僅是以精神分析來解析文學藝術，我們甚至可以說，他的精神分析說的靈感有很大一部分是來自於他喜愛文學藝術。

密西根州立大學的教授曾經調查了一百三十四位諾貝爾獎得主，結果發現諾貝爾獎得主在實驗室外的活動表現得也很出色，而且在這一百三十四位當中，超過一半以上的人最少有一種藝術休閒活動，而且幾乎每個人都有一種特別的嗜好，比如下棋，收集昆蟲等等；而四分之一的諾貝爾獎得主是音樂家，百分之十八的人從事繪畫等視覺藝術，喜歡寫作的人也不少。

其實每個人都有他的主修或者主業，行有餘力之時，多學一些別的知識或者技能，多培養一些業餘的興趣和娛樂，很顯然的有助於我們創新智慧的發揮。

【小發明大創造】

四大發明之一 火藥的來歷

中國古代的煉丹家在煉丹過程中無意間發現了火藥的製作方法。但是最初的火藥都是黑火藥，大概發明於一千多年前的中國。它的發明，極大的推動了世界的發展，在化學史上以及世界歷史中都占有重要的地位。

據史書所載，歷代總有或多或少的所謂方士在進行煉製「長生不老」仙丹的實驗，也累積了一些實際的經驗與文字紀錄。三國以後，這些方士逐漸變化為道士，大批的道士開始學習與嘗試煉丹。隨著道教逐漸興盛，煉丹術也日漸發達，這是火藥之所以出現在中國的良好基礎。

【小故事妙思維】

圍裙變為灰燼的瞬間

瑞士著名的化學家桑拜恩在研發烈性火藥時因為沒有實驗室，只好用自己家的廚房。一次，桑拜恩在廚房做實驗，正當他在爐子上加熱硫酸和硝酸混合液的時候，門外響起了妻子的腳步聲。他趕緊把實驗器具收起來，慌忙中打破了一個瓶子，酸液流淌滿地。為了不讓妻子發現，他順手拿起妻子的棉布圍裙，擦拭地上的酸液。後來他用水洗了圍裙，正要掛在爐子上烘乾，只聽到「噗」的一聲，圍裙著火瞬間化為灰燼。桑拜恩大受啟發，發明了「火藥棉」。

重視感官的刺激作用

創新需要一些靈感。最常見的靈感就來自於我們當下的體驗。

達爾文在他的自傳裡說：「一八三八年八月，也就是我開始有系統的展開調查工作之後的第十五個月，我閱讀馬爾薩斯的《人口論》以資消遣，同時由於我長期觀察動植物的習慣，不難認識到隨處可見的生存競爭的事實，於是我恍然大悟，在這種環境下，有利的變化勢必被保存下來，不利的則逐漸消滅。這樣的結果便導致新物種的形成。這時。我終於得到了可以作為工作依據的學說。」

從這一段話我們可以清楚認識到，搭乘「小獵犬號」的環球之旅，雖然讓達爾文獲得了形成演化論的材料，但是產生演化論核心要義「物競天擇，適者生存」的靈感卻是來自於閱讀馬爾薩斯的《人口論》。

馬爾薩斯的《人口論》裡有這樣一段話：「自然用最浪費和最自由的手，在動植物界散播生命的種子，但能否成長卻要看給予這些種子生命所必要的場所和營養。地球上所有的生命種子，如果有充分的食物和場所供其繁殖，數千年後就會塞滿幾百萬個世界了。但是自然法則的必然性，將限制這些生物於一定界限之內。植物的種類與動物的種類，都受到這個大法則的制約。」

重視感官的刺激作用

達爾文大概就是看到這一類的說法，從而激發了他的演化論靈感。閱讀不僅僅是一種消遣，而且更是一種刺激，它可以說是讓人獲得靈感最常見、最方便的途徑。

超現實主義大師達利有一幅名畫《記憶的堅持》，畫面中最引人注目、也最具有創意的部分就是三個披掛在枯樹、平台及動物屍骸上軟趴趴、看似會流動的鐘錶。有人說這幅畫是「在藝術中，人對時間的本質最奇特的陳述方式之一。」後來，達利在《時間的貴族氣息》、《時間馬鞍》、《時間的側影》等雕塑作品裡，又出現同樣的、仿佛被烈日曬軟的鐘錶。這是一種非常特殊的象徵，而點燃他這個獨特創意火花的，卻是一塊軟乳酪所帶給他的觸覺體驗。

原來達利當時已經決定要畫一幅以回憶為主題的畫，他希望透過一些象徵的景物來傳達心靈對時間深層而迷離的感受。當時，他這幅畫已經畫了一半，夕陽餘暉下荒涼而孤寂的海邊、光禿禿的橄欖樹……某種概念呼之欲出，但卻又不知從何下筆。就在那個晚上，他品嘗了法國產的軟乳酪，乳酪超軟的形體給他留下深刻的印象。睡覺前，他一如平日到畫架前看看今天的進度，突然之間，他靈光一現，覺得自己抓住了那個難以表達的概念，於是立刻拿起畫筆，畫上那三個軟趴趴的、「軟乳酪一般」的鐘錶。

當然，我們可以說在那晚之前，達利心中也許已經有了想用鐘錶來傳達時間流逝的意念。而軟乳酪剛好為他提供了臨門一腳。

各種感官經驗，視覺的、觸覺的、嗅覺的，只要你夠敏銳，而且能讓它們和你正在進行的工作、正待解決的問題掛鉤，產生聯想，它們都可以為你帶來創新的靈感。

【小發明大創造】

拉鍊的來歷

一個叫賈德森的美國工程師在一八九三年研發了一種可滑動的「鉤子扣鎖」，這就是拉鍊的雛形。因為這種早期的扣鎖裝置由於技術的原因，品質還很不穩固，很容易鬆開，尤其是在一些不恰當的時間和地點鬆開，會給人造成難堪，所以這一發明並沒有很快流行起來。

一九一三年，瑞典人桑巴克對這種粗糙的扣鎖裝置進行了改進，使其變成了一種讓人用著放心的商品。但直到一九三〇年拉鍊才被居家婦女們青睞，用它替代服裝上的鈕扣。現在拉鍊已經成為服裝上的最流行的配件之一，因為其方便美觀的特性，也一定會在長時間內為人們所喜愛。

重視感官的刺激作用

【小故事妙思維】

雞蛋餅捲出的甜筒

聖路易斯城在一九〇四年舉辦了一次博覽會，一名男子租了攤位賣雞蛋餅。開始的時候，他一直用紙盤子盛雞蛋餅。有一天，紙盤子不夠用了，他就把雞蛋餅直接賣給顧客，顧客拿在手上吃這些東西，導致餅裡的配料或多或少的流到了顧客的袖子上，很多顧客對此表示極為不滿，無奈之下他只好改賣霜淇淋。

過了幾天，他突發奇想，他把提前做好的一千張雞蛋餅全部用鐵片把它們壓扁，然後把這些餅卷成圓錐狀，裡面填上霜淇淋，這樣的話，他每賣一份就相當於賣出去了兩件商品，他的一千張裝有霜淇淋的雞蛋餅很快就賣完了。這就是現在市面上流行的捲筒霜淇淋的發明過程。

好奇心與洞察力

現在，到處都說要大力培養創新人才。然而，對於如何培養創新人才，很多人卻走進了一個頑固的誤區。我們很多人都以為只要知識多，創新能力就強，所以大家都追求著學習越來越多的知識；而家長和社會也都要求我們有高學歷。

然而實際上，創新能力強並不等於知識多。一些科學家，比如牛頓、愛因斯坦，他們研究出成果的時候都在二十到三十歲之間。這時候他們知識還並不多，只有一些必要的基礎知識，他們獲得成功是因為思想特別活躍。有一位日本學者叫益川敏英，他是諾貝爾物理獎獲得者，他是土生土長的日本人，英語說不好，從來沒有出過國。從一九六〇年代開始，他和京都大學的朋友小林一起研究夸克，兩個人個性正好互補，所以組成兩人團隊；他每天晚上腦子裡面都在想主意，第二天告訴小林後兩個人便一起做實驗，最後他們獲得了諾貝爾物理獎。這時候大家才發現，益川敏英竟然對英語一竅不通。他說他從小學開始，文科成績就不好，上大學的時候，他的英語也一直不好。

益川敏英的例子告訴我們，知識多並不一定創新能力強。創新能力最本質的要素，恰好是我們長期以來所忽略的東西，第一是好奇心和興趣；第二是想像力；第三是洞察力。

好奇心和興趣是一個人有沒有創新能力最基礎的條件，一個人如果做什麼事情都沒有興趣和好奇心，不太可能有很大的成就。愛因斯坦說他五歲的時候，父親給他一個禮物，就是指南針，他看了一下子就有了強烈的興趣，後來他發現這裡面的指針永遠都往一個方向擺動，他覺得這背後肯定有很重要的原因，很想搞清楚，這就是好奇心。

想像力是人為了生存進化出來的基本能力。想像力對人類至關重要，想像力讓我們發明了工具、武器、槍炮，使人類變成了地球上最強大的物種。想像力和好奇心是人與生俱來的，在一個人的成長過程中，好奇心和想像力很容易就被扼殺了，所以我們只有重視自身的好奇心和想像力，才能成為像愛因斯坦那樣擁有創新能力的人。

洞察力也是創新能力最重要的一個要素。具有豐富生活經驗的人在面對複雜情況的時候，雖然來不及思考和推理，卻能很迅速的找到問題的關鍵，找出解決辦法來。

楊振寧先生曾經談到一個例子，說明了他的科學洞察力是如何培養出來的。

楊振寧先生到芝加哥大學讀博士，上量子力學課的是美國氫彈之父愛德華．泰勒。泰勒思想靈活，從來不備課，想到哪兒就講到哪兒。因為量子力學太複雜，想到哪兒講到哪兒就容易使人走入陷阱。楊振寧先生說他最感興趣的就是看泰勒走入陷阱，這個時候泰勒的思維就像天線一樣張開，四處探測，此時他的洞察力表露無遺，也正是學生們最有收穫的時候。

其實整體來說，讀書多、知識多，創新能力並不一定就強。還有比這個更重要的東西，就是興趣、好奇心、想像力跟洞察力。而好奇心與想像力並不是一朝一夕可以達成的，這需要我們從小就加以訓練和培養。

【小發明大創造】

鋼筆的發明者

鋼筆現在已經成為人們普遍使用的書寫工具，它是在十九世紀初由美國人沃特曼發明的。一八〇九年，英國頒發了第一批關於儲水筆的專利證書，這標誌著鋼筆的正式誕生。

二十世紀初發明了最早的能夠自動吸墨水的筆，當時的自動鋼筆採取了一個活塞來吸墨水。在筆中塞入一個皮膽，吸墨水的時候要用一個鐵片插入一個縫中擠壓皮膽來吸墨水。直到一九五二年，又出現了用一根管子伸進墨水中吸水的施諾克爾筆。一九五六年，才出現了現在常用的毛細管筆。

【小故事妙思維】

由裙子到瓶子

有一個年輕的製瓶工人。有一天，他的女朋友穿了一條裙子，這條裙子的膝蓋上部較窄，使腰部顯得曲線玲瓏，充滿著女性美，很有吸引力。他覺得這樣的線條十分優美，很性感，便目不轉睛的欣賞著。

忽然，一個奇異的念頭閃入他的腦海：如果做一個這種形狀的瓶子，一定別具一格。隨後他便著動手製作了起來，並在瓶身上印了和裙子一樣的圖案。半個月後，一種新款的瓶子誕生了，這就是我們今天看到的可口可樂瓶子造型的發明過程。

如何培養意志力

培養意志力的過程，是需要配合一個計畫實施的過程，使人能夠習慣於利用計畫管理自己，因為計畫實在是最能夠達成效率的一種工具。而提高效率、並且達成目標，才是培養意志力的目的。

首先要有明確的目標。例如我們準備考試，完成工作任務，準備出國留學等等，諸如此類的目標要盡可能明確。考試，你希望獲得什麼樣的成績；工作任務，你希望達到一個什麼樣的水準；出國留學，你準備到哪個國家去？學習些什麼？

當然，在制定這個目標的時候一定要做到合理。古人云：「取法其上，得乎其中；取法其中，得乎其下。」目標決定後的關鍵就在於執行，為了讓目標執行起來更有動力，更容易完成，有以下幾個制定計畫時可以借鑑的祕訣：

第一，目標要前緊後鬆，先難後易。制定目標的時候也是一個人最有動力的時候。有句話叫「三分鐘熱度」，說的就是有的人堅持不久。其實這也不只是單純的責備，好好利用這個特性，也可以事半功倍。既然一開始的時候最用心，不妨就利用這段最有力的時間把不喜歡做的、難做的事情都先完成了，等到將來懈怠了，做起簡單的事也不會太困難，另一方面也許一鼓作氣，看到前面這麼難的事情自己都攻克了，後面心情一好，就能把計畫完完全全的堅持下來了。

第二，目標要分階段進行。如果有一個大目標，可以分成幾個小目標來完成。這樣我們在完成的過程中就不會感覺太困難，也能夠增加我們的信心。

第三，目標要有修改和彌補的餘地，並且這個修改和彌補不能影響計畫整體的實現進度。如果你時間緊，就要自己加把勁，把目標完成時間再訂得更緊一點，最好能夠到最後能留一點時間，這樣可以做一個整體的檢查，看看還有沒有什麼遺漏之處。

對於每一個需要克服的障礙，都離不開意志力；面對著所執行的每一個艱難的決定，我們所依靠的是內心的力量。事實上，意志力並非是生來就有或者不可能改變的特性，它是一種能夠培養和發展的技能。

美國東海岸的一位商人知道自己酒喝得太多了，然而他從事的是一種很麻煩的工作，而在進餐前喝幾杯葡萄酒似乎能讓他緊張的心情得到放鬆。可酒和累人的活又使得他昏昏欲睡，因此常常一喝完酒便呼呼大睡。有一天，這位商人意識到自己是在借酒消愁，浪費時光。於是他決定不再貪杯，而是把更多的時間用於兒女身上。剛開始時很不容易，常常想起那香氣四溢的葡萄酒，但他告誡自己現在所做的事將有所得而不是有所失。

後來的事實證明，他越是關心家庭和子女，工作起來的幹勁也就越大。主動的意志力能讓你克服惰性，把注意力集中於未來。在遇到阻力時，想像自己在克服它之後的快樂；積極投身於實現自己的目標的具體實踐中，你就能堅持到底。

【小發明大創造】

馬桶的來歷

據《西京雜記》記載，漢朝皇上出行時隨時方便的器具是一種玉製的叫「虎子」的東西，皇帝在外出恭時由侍從人員拿著。這種「虎子」經過慢慢的發展，成為後人所說的尿壺，這也是馬桶的前身。據說這種「虎子」也是漢高祖劉邦以讀書人的帽子當盛尿的器具，受到啟發才發明出來的。

【小故事妙思維】

十三郎脫險妙招

北宋時，一個叫十三郎的小孩非常聰明，一年正月十五，五歲的十三郎由家人領著去看花燈。由於人多，他與家人被擠散了，一個陌生人把他扛在肩上就走。十三郎他知道自己被人拐走了，但他並沒有害怕，。

十三郎被壞人扛著走了很遠，忽然，他看見五頂大轎經過，就大聲喊道：「救命！救命！」壞人嚇得扔下十三郎就跑，十三郎因此而得救。

行動起來才可能改變

美國優秀小說《湯姆叔叔的小屋》中湯姆叔叔的原型喬塞亞．亨森原是一名黑奴，他在歷盡曲折道路、戰勝重重逆境而獲得人生自由和經營上的成功後，有一位主教問他：「先生，你是從什麼大學畢業的？」亨森回答道：「逆境大學」。

在我們的學習和生活中，所有的人都在為了夢想而努力。但是為什麼有的人最後會功虧一簣，有的人會功成名就呢？原因就在於你有沒有用自己的實際行動去改變眼前的境遇，沒有行動就永遠不會有奇蹟的發生。如果你渴望讓自己能夠儘早從逆境中走出來，就必須積極行動起來。

有一位滿腦子學問的教授與一位賣魚的小販比鄰而居，儘管兩人地位懸殊，知識水準、性格有天壤之別，可兩人卻有著一個共同的目標：盡快富裕起來。每天，教授蹺著二郎腿大談特談他的致富計畫，賣魚的小販就在一旁虔誠的聽著教授說著：「只要給我一個機會，我就能成功！」小販非常佩服教授的學識與智慧，並且開始依照教授的致富計畫去做。若干年後，小販成了百萬富翁，而教授還在家裡等著致富機會。

這位教授可能有一百種致富方法，但他卻很難成為真正的富翁，因為他習慣了消極等待，缺少行動精神。只有及時行動才能改變逆境，提升我們的逆商，最終助我們走向成功。

因此，我們需要做到：

第一，勇於嘗試，才有贏的希望。

美國心理學家斯科特．派克說：「不恐懼不等於有勇氣；勇氣使你儘管害怕，儘管痛苦，但還是繼續向前走。」對一個渴望成功的人來說，勇氣就是面對巨大困難也不放棄的精神；是在遭受挫折後還要再試一次的膽量。在需要我們採取行動的時候，你應該鼓起勇氣去積極行動。行動的結果只有兩個：成功或者失敗；而不行動的結果只有一個，那就註定是失敗。而且，只有在你嘗試之後，才有可能把握住贏的希望，才有可能走出困境。

第二，腳踏實地，才能實現夢想。

每個人都懷有夢想，但是只有腳踏實地去行動，才能最終實現自己的夢想。「千里之行，始於足下。」只有從身邊的一點一滴的小事做起，改掉眼高手低的壞習慣，才能有所收穫。

第三，做好第一步。

「萬事起頭難」，成功沒有捷徑可尋，想要衝破逆境也沒有投機取巧的方法。

因此，只有積極主動的去行動，才能克服眼前的困難。

然而，最重要也是最困難的往往是第一步。我們常常喜歡把眼光放到未來成功的時刻，很容易忽略第一步的重要性。做好第一步，不僅是一個好的開始，更可以極大增強我們的自信心，為以後逐步克服學習和生活道路上的困難做好鋪墊和準備。

同時，在行動的時候我們不能打無準備的仗，提前做好心理上的準備，相信自己一定可以戰勝逆境，向著既定的目標去努力，就一定會取得成功。

【小發明大創造】

鼓的發明

據說早在西元前三千五百年的中國，已經有人造的鼓問世。在西元前三千年，人們最常用的做鼓方法是將獸皮在框架或容器上繃緊。到了西元前一千年左右，美索不達米亞的蘇默人做出了一人高的圓鼓，鼓身上還繪滿圖畫。後來漸漸出現了小銅鼓和大銅鼓。西方十五世紀騎兵用的大銅鼓，到了十七世紀時被樂團採用，這種鼓就是現在的定音鼓，十九世紀出現了低音大鼓。這種鼓的鼓聲可使節拍鮮明，粗獷有力。其實，早在西元前二世紀，中國人就已經發明了定音鼓。

【小故事妙思維】

飛天夢

相傳在十四世紀末，有一個人叫萬戶，他把四十七枚當時可能買到的最大火箭裝在一把座椅的背後，把自己綁在椅子上，兩隻手各綁一個大風箏。然後叫他的朋友同時點燃四十七枚大火箭，借火箭向前推進的力量，加上風箏上升的力量飛向高空。很不幸的是，他為此付出了自己的生命，但他的精神流傳了下來。人們為了紀念萬戶的大膽探索精神，把月球上的一座山命名為「萬戶山」。

直到二〇〇三年十月十五日，「神舟五號」載人飛船圓滿發射成功，中國第一個太空人也由此誕生，實現了華人的飛天夢想。

做一個敢於創新的人

永遠向前走，我們會碰到一些新鮮的事物，你就可以體會到不斷征服每一件事物的快樂。永遠向前走，你還會碰到許多陳舊、過時的框架，你不但不能被它們套住，而且還要敢於和它們鬥爭。當然，在人生十字路口上，這些陳舊的框架你一定要學會打破。

當賓邦特在向法雷格特海軍少將說出他不能將查理士登城堡攻下的種種托詞時，嚴肅的少將說：「還有一個理由你沒有提及，那就是你不信任你自己可以攻下它。」

凡是一個人不相信自己能夠做成一件別人從來沒有完成的事情時，他永遠不會做成它。你在做個事情的時候不應該懷疑自己的能力，要信任自己，這樣才能把事情完成的出色。

羅斯柴爾德的終身格言是「勇於向前」，其實也可以說這是他留給世界上其他人的一句名言。

史蒂文森、福特、愛迪生等人士都是各時代、各地方先例的破壞者。這些人開闢了新土地，推動著人類文明向前不斷發展。

做一個敢於創新的人

無畏的氣概、創造的精神，是一切偉人所具有的優點。對於陳腐的規則和過時的秩序，他們是不會放在眼裡的。能夠成就大事業的人，永遠都是那些信任自己的見解的人，這些人敢於想常人所不敢想的東西，敢於向那些規則挑戰。

偉大的人物從來都不模仿別人，能夠成為開闢世界文明的人，總是一個先例的破壞者。

加蘭德將軍在作戰時，不按照軍事學書本上的戰術，曾經受到了其他將士的譏諷和反對，可是最後結束美國南北戰爭的卻正是他這樣一個人。拿破崙在橫掃歐洲的時候，也是忽視一切先前的戰法，破壞一切戰事的先例。

有毅力、有創造精神的人，總是先例的破壞者；只有懦弱、膽小、無用的人，才不會破壞什麼。對於羅斯福總統來說，白宮的先例、政治的習慣，全部沒有用處，羅斯福始終堅持著自己的做人原則，無論是警察局長、副總統，還是總統，他的驚人力量也是從這點上得來的。

在日常生活中，你可以找到一些自己真正想做的事情，並且拼命的去做好。但是在大多數情況下，盡力做好或僅僅是好好的做這種心理本身就是阻礙你做事的障礙。我們不要讓盡善盡美的這種思想妨礙你參加活動的愉快心情，其實你可以試著將「盡力做好」改成「努力去做」，僅僅讓自己成為一個旁觀者。

很多時候當我們遭受到大苦難時，一般人都會認為：「這件事情我無法解決了。」其實，這是極大的錯誤。因為，自己無法解決的事情，不可能發生在自己的身上。最主要的還是在於你是否能面對苦難勇敢的站起來。

【小發明大創造】

輪胎的發明者

一八八八年，愛爾蘭有一名叫鄧洛普的獸醫，在醫治牛瘤胃膨脹症中得到了一些靈感，回家後他將自己家的花園用來澆水的橡膠管黏成圓形並打足氣裝在腳踏車上，這是充氣輪胎的雛形。

充氣輪胎是腳踏車車的發展史上的一個劃時代的創舉，不但從根本上改變了腳踏車的騎行性能，完善了腳踏車的使用功能，還讓其他行業都受到了啟發。

【小故事妙思維】

華盛頓智擒小偷

華盛頓從小就很聰明，有一天，他家的東西被人偷了，華盛頓幾經思考，確定小偷就是村子裡的人。

一天晚上，村民們聽說華盛頓要給他們講神話故事，就都聚集到村頭的大樹下。華盛頓是這樣開頭的：「黃蜂是上帝派下來的使者，牠天生一雙明亮的大眼睛，就是用來辨別人間的真偽、善惡。每當月亮升起來的時候，牠便遵從上帝的指令飛到人間……」人們正聽的津津有味，突然華盛頓用右手往前一指：「小偷，他就是小偷，黃蜂正在他的帽子上打轉。」偷東西的人剛好在聽故事的人群中，他做賊心虛，被嚇得轉身就跑，大家當場就把他捉住了。

學會思考，學會解決問題

在學習的過程中要積極的去思考問題，而如何才能最有效的去思考問題呢？就是把自己置身到問題當中去思考。只有當問題出現並且需要同學們去解決的時候，我們的思維能力才能在解決問題的過程中得到鍛鍊。

把自己置身其中的具體方法有以下三種：

第一種：善於發現問題

在學習的時候善於發現問題是很重要的。發現問題的過程實際就是自己動腦子想問題的過程，如果不想，怎麼可能會發現問題呢？具體一點的說，就是在日常學習、生活的時候都要進行思考，特別是碰到自己感興趣的話題，一定要多思考，敢於提出自己的觀點，這樣我們的思維能力才能得到鍛鍊，將來才有可能會有所發展。

在提出問題以後，不能只等著老師去解決，自己也要去進一步思考概念之間、定理之間、公式與公式之間有什麼關聯和不同，這樣我們才算完整的進行了思考。

總之，只有經過自己的思考發現問題，經過自己的思考解決問題，這樣才是真正的學習。

第二種：敢於提問

如果經過自己的思考後，發現了問題，但是解決不了這一個問題時該怎麼辦呢？這個時候最好不要鑽牛角尖，應該積極主動的去請教別人，比如老師、朋友、家人等等。可是在實際學習中，有的人明明有不懂的問題，但是他就是不去問別人，這都是由於自己的虛榮心在作祟。他怕問了問題後別人看不起自己，在他心中覺得只有不提問的人才是厲害的人。

其實這種觀點是完全錯誤的。因為我們經過一定思考，提出的問題肯定是帶有一定深度的，在請教別人的時候，別人不會看不起你，反而會佩服你的思考能力和發現問題的能力。所以，大家要敢於提問，敢於揭露自己的問題，這樣我們才能不斷的進步，才能成為學習上真正的強者。

第三種：別人的提問要認真對待

在日常與人交往過程中，有些時候為了引起一些討論，往往有人提出一些非常有趣味的問題。有的時候會從以前的話題中引出新的話題點，還有的會從生活中的小事例中引出話題。面對這樣的問題，不能抱著事不關己高高掛起的態度，消極的聽別人講解和回答，而要積極主動的參與和討論。

由於這些話題一般都是圍繞著我們的環境提出來的，所以大家要認真思考後說出自己的答案，即使自己的答案不正確也沒有關係，因為別人會馬上進行講解，這樣可以在第一時間得到回饋，對於提高自己的思維能力是非常有幫助的。

【小發明大創造】

繩索的發明

古代的勞動人民總是充滿了智慧，早在西元前兩千八百年的中國人就已經熟悉掌握了製造麻繩的技術。當時的老百姓普遍用大麻纖維製繩。

直到一七七五年，英國發明家發明出了製繩機，結束了手工製繩的時代。從一九五〇年開始人類普遍使用人造纖維製造繩索，直徑約二公分的馬尼拉繩受到五千五百一十二公斤的拉力便會折斷，而同樣粗的尼龍繩則能承受一萬三千兩百二十七公斤的拉力。

【小故事妙思維】

鬼谷子的考題

孫臏和龐涓都是鬼谷子的徒弟，有一天，鬼谷子給孫臏和龐涓布置了一個考題：每人一把斧頭，讓他們上山砍柴，要他們做到「木柴無煙，百擔有餘」，限期十天內完成。

龐涓聽後，不加思索，每天勤奮砍柴不止。孫臏經過認真考慮後，把一些榆木放到一個小門大容量的窯洞裡，燒成木炭，然後用一根柏樹枝做成一根扁擔，將榆木燒成的木炭擔到鬼谷子家裡，意為百（柏）擔有餘（榆）。十天後，鬼谷子先在洞中點燃龐涓的木柴，火勢雖旺，但濃煙滾滾。接著鬼谷子又點燃孫臏的木炭，火旺且無煙。孫臏靠自己的才智輕鬆的完成了鬼谷子的考題。

心中永遠懷有希望

人生最怕的不是不幸、不是失敗，也不是死亡，而是心中沒有希望。

十七歲的王琳左側骨盆長了一個骨瘤，醫生告訴她：「如果不進行手術，那麼你就會死亡；如果接受切除左腿及部分骨盆手術，你僅有百分之五生存的希望。」淚水在她美麗的雙眸中打轉，片刻沉思之後，她鎮定的說：「我接受手術。」

手術後的第十天，是王琳拆線的日子。當護士揭去最後一層紗布的時候，王琳看到的是，自己的左腿已經完全失去，左腹部被挖空，只留下一道又深又長的縫合切口。王琳掙扎著坐起身來，目光落在自己那修長的右腿旁邊空蕩蕩的白色床單上。她很難過，不過，他沉默片刻後，抬起頭對醫生說：「謝謝。」同時，她的嘴角露出一絲從容的笑容。醫生不明白，王琳失去了左腿，並且永遠不能生育，她怎麼還能笑得出來呢？

終於，醫生實在忍不住問了她，到底是一種什麼力量讓你如此樂觀？她的雙眸帶著微笑說：「假如你是一個千萬富翁，當丟失了一萬元時，你會感覺怎麼樣呢？」

心中永遠懷有希望

醫生立刻頓悟了，手術刀切除了王琳的一條腿，但是在她的精神世界裡，還有更多的財富，支撐她快樂生活的，那就是對未來的希望。

是呀，人的一生難免會遇到生死離別、天災人禍等各種意想不到的災難，給我們的生活蒙上了一層層的陰影，使我們的人生遭受到了很多的打擊，但是，人生的不幸並不可怕，可怕的是面對不幸喪失了對生活的希望。在生活中，只要我們敢於面對現實，對未來充滿希望，我們就會有奮鬥的力量，就能實現心中的夢想而取得成功。

哲學家黑格爾說：「沒有任何東西能換取希望對於人的價值。因為沒有什麼比希望更能改變我們的處境。」當我們處於逆境的時候，當我們失敗的時候，當我們面臨災難的時候，永遠都要對未來保持希望。

愛迪生為了找到最佳的電燈絲，失敗了六千多次，但是他還是在繼續尋找，是因為他心中擁有希望，最後他終於找到了鎢絲；哈蘭德在他事業的前幾十年裡一直都是失敗，在年老的時候，他拿到一百零五美元的社會福利金用來開速食店，這也是因為他擁有希望，最後，他終於成功了，創造了全世界的奇蹟——肯德基。

曾經有一句很經典的話：「假如上帝在你的面前擱下一座山，那麼你絕不要在山腳下哭泣，翻過這座山就是了。」而翻越高山的力量就來源於心中的希望。

古人云：「倉廩實而知禮節，衣食足而知榮辱。」在生活中拼搏奮鬥，持之以恆，就能改變生活，就能有希望。有希望才會米穀儲藏殷實、衣食飽足，進而知禮節、知榮辱。擁有希望是一種多麼崇高的生活境界！

因此，不管你以後從事什麼樣的工作，不管你生活在哪一個階層，要改變自己的命運，就要永遠保持希望。

【小發明大創造】

青黴素的來歷

一九二八年，英國科學家弗萊明在一次培養感染傷口的葡萄球菌時，意外發現了一種青灰色的黴菌能將葡萄球菌殺死。把這種青灰色的黴菌稀釋八百倍後，依然能阻止葡萄球菌生長，而且還不會損害正常細胞，因此他知道了青黴素是一種療效非常好的抗生素，對治療傷口來說非常有好處。弗萊明把它命名為「盤尼西林」，即青黴素，這是人類首次發現的抗生素。

從此以後青黴素被廣泛應用，治好了無數人的傷病，挽救了無數人的生命。

【小故事妙思維】

生活的玄機

希臘神話中說：「天神創造了人之後，不想將生活的祕密告訴人類，但又不知道該把祕密藏在哪裡？」

一位神說：「把它埋在山底下。」

天神說：「萬一人們去開山掘地，就會發現了。」

另一位神說：「那就把它藏在海底好了。」

天神說：「人類以後有了高科技，自然也能發現。」

這時來了一位小神仙，說：「我想把祕密藏在人的心裡。人類的天性只會向外追求，從來不會探索自己的心靈深處。」

大家聽了小神仙的觀點，都點頭稱讚。

崩解慣性思維

你不是缺少創意，只是靈感迷路了

第三章　挖掘創造的潛能

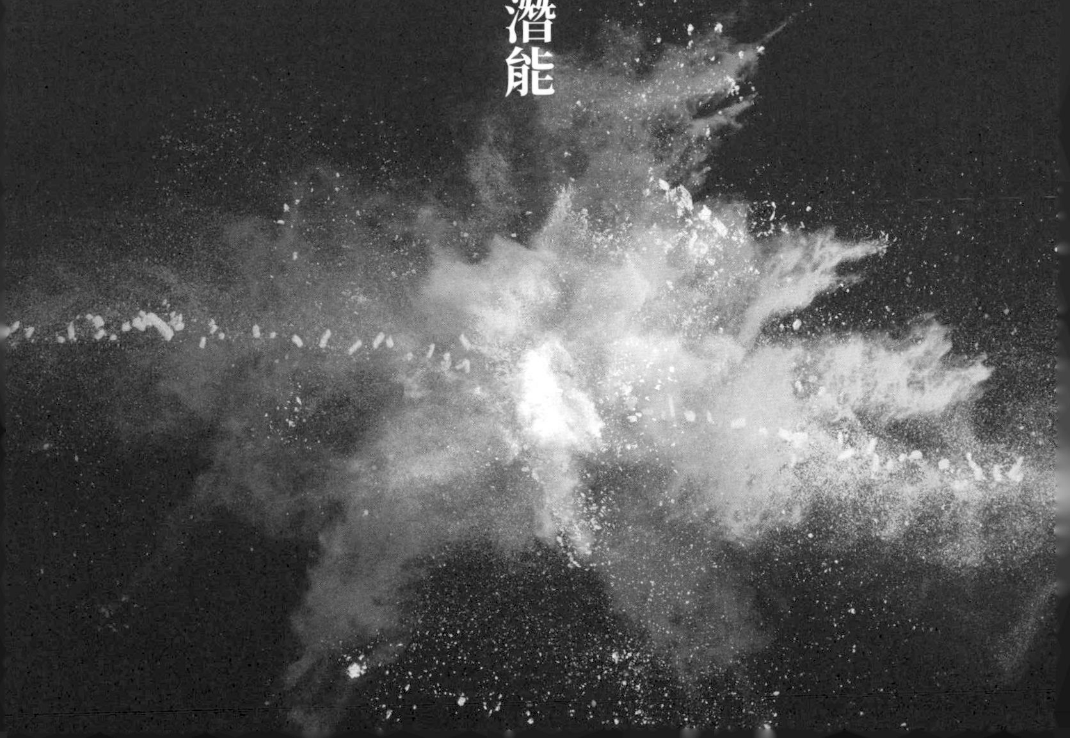

積極進行自我暗示

在心理學上，自我暗示是指透過主觀想像某種特殊的人與事物的存在來進行自我刺激，而達到改變行為和主觀經驗的目的。

積極的自我暗示是對某種事物有力、積極的描述，能讓我們開始用一些更積極的思想和概念來代替我們過去陳舊的，否定性的思維模式。這是一種發掘創造力的有效技巧，也是一種能在短時間內改變我們對生活的態度和期望的技巧。

下面就告訴大家在進行自我暗示時要把握的四項基本原則：

第一個原則：重複

這裡所說的「重複」有三層意思：第一層是日復一日的重複。每天用一句或者用一段自我暗示語進行自我暗示。第二層是指一天內多次進行。早晨起來後，要先想想自我暗示語。出門前想一下。回家後，睡覺前再想一下。其實簡單的說，就是每開始一個新的生活之前都要「想一下」，特別是早晨起來後、晚上睡覺前這兩個時間段尤為重要。最後一層意思是每次默念時，最好重複幾遍，這樣就造成了一種重複的暗示。當你不想它時，其實它也一直在你的潛意識中重複著。

第二個原則：忘卻

所謂忘卻，就是指當你自我暗示完了以後，你就不要再去想它。無論你是工作，還是學習，都不再想你的自我暗示語，這也就是「忘卻原則」。

你只有在自我暗示完後忘卻了，不再監視它，潛意識才會發展它的積極性，主動、創造性的去「完成任務」。如果你總是想著暗示語，潛意識沒有主動性，效果反而很不好。我們的很多氣功大師就很懂得這一點。他們一再告誡學氣功的人們，如果想治病，那麼只要每次在練功時，稍微想一下這個目的就可以了，然後完全入靜，不再想這個目的。如果你在練功時，執著於治病這個意念，效果反而很差。

第三個原則：等待

所謂「等待」，就是要給潛意識時間。很多自我暗示，往往很難立刻產生效果，這中間需要有一段時間。要等待潛意識逐漸調整你的心理、生理，千萬不可急躁，不可勉強，要順其自然。

一般來說，自我暗示有三種效應：及時效應，短期後效應，長期後效應。及時效應是指自我暗示語一默念，立刻就對生、心理所顯現的作用；短期後效應一般是指一天之內或三至七天內產生的效應；長期後效應則指更長的時間。

第四個原則：堅信

也就是我們常說的「心誠則靈」，這一原則可以說是最重要的原則。

自我暗示的口訣必須在清晨剛剛開始醒來而睡眼未睜、尚未完全清醒的時候反覆念誦。自我暗示的練習必須有規律、定時、認認真真的做，只是練習幾次就能有效果是不可能的。在某些情況下，特別是當自我暗示的口訣是著眼於改善整個狀況，而不是治好某種病的時候更需要耐心堅持。只練習過幾次便開始見效的事情也曾經出現過，但是一般都要經過幾個月持續刻苦的練習方能見效。

當我們晚上做自我暗示時，要蓋上被子舒舒服服的平躺在床上，平心靜氣且放鬆全身，然後默誦那些用以自我暗示的口訣。如果我們的心情緊張，不妨用這樣的自我暗示口訣：「我心裡十分平靜。我腦子像山澗清泉一般清澈、明淨。我心臟跳動平穩、均勻。呼吸深沉、安詳。神經完全鬆弛。我睏了，要睡著了。我心裡十分寧靜。」

我們在默誦時每句口訣要連續念四至五遍，要帶有表情，一定要邊念邊玩味每個詞語的含義，最好能做到使每個詞語的含義形象化。

【小發明大創造】

指南針的起源

指南針的起源大概要追溯到戰國時代，當時的戰爭中常用一種稱為「司南」的指南器具來辨別方向，這就是指南針的雛形。

指南針的發明沒有確切的時間，也不知道發明指南針的人是誰。據北宋曾公亮的《武經總要》中曾提及在行軍時用「指南魚」來説明辨別方向，至於「指南魚」則是一片薄如魚狀的鋼片，大概五分寬，兩寸長，肚皮處有下凹，形狀有如小船，在經過磁化的步驟後，浮在水面就能辨別南北。

北宋的沈括在《夢溪筆談》一書中，對指南針做了詳盡的記載。這本書中，他不但記載了指南針的製作方法、世上最早發現磁偏角、人工磁化製作指南針這三件與指南針有關的知識，沈括詳細記錄下當時指南針的製作方法，並對這些不同的製作方法進行比較優劣，這是現如今瞭解當時指南針發明的最佳參考資料。

【小故事妙思維】

官印失而復得的計策

唐朝著名武將裴度，有一次，他陪同幾名官員在園內賞花，忽然一名侍衛慌忙來稟報，說：「報告大人，官印被盜了。」在場的所有官員聽後無不臉色大變，都為裴度擔心。可是裴度卻就像什麼事情都沒有發生一樣，坦然自若的與客人暢所欲言，還吩咐下屬準備晚宴。在吃晚宴的時候，手下又來稟報，官印找到了。

在場的官員都大為驚奇，以為裴度有未卜先知的能力，對裴度剛才表現出來的涵養十分佩服之外，不過大家還是想知道究竟裴度怎麼想的。裴度對大家說：「我想盜我官印的人只是想借我的官印一用，如果我下令追查，反而會有可能逼他做出毀壞官印的事情。」

擺脫煩惱三妙招

人們在日常的生活中常常會有很多煩惱和憂愁，如果我們不能及時擺脫這些煩惱，這些不好的事情就會存在自己的心上，讓自己的心情低落、鬱鬱寡歡。可是我們有時候會發現有一部分人每天總是一副開開心心、心情舒暢的樣子，這是為什麼呢？到底是什麼方法讓他們能保持樂觀向上的態度，以積極的心態來對待每一件事情呢？

心理學家研究表明，要想走出煩惱和憂愁的陰影，其實很簡單，就是要放下心理上的負擔，調整自己的心態，學會快樂就行了，也只有這樣，才能激發出我們創造的潛能，為我們的成功打下基礎。

第一，自我調節心態

每當我們遇到了煩惱和不開心的事情時肯定會心情不好，可是我們也不能讓自己一整天都是愁眉不展、鬱鬱寡歡的，應該學會調整自己的心態，強迫自己暫時忘記那些令你煩惱的事情，讓自己輕鬆一下。

特別是對於我們來說，大家的幸福生活才剛剛開始呢！要知道人生並不只有一件件令你頭疼，讓你傷心難過的事情，其實還有許多值得高興和讓值得你用心體會的事情。我們應該暫時忘掉那些不愉快，試著做幾個深呼吸，讓自己緊張的心情放鬆下來，或者到戶外呼吸一下新鮮空氣，去公園散步，多和大自然接觸；還可以找朋友聊天，出去玩，唱歌、跳舞、放鬆心情，或是和朋友結伴旅行，在大好河山中找到心靈舒暢、平靜的感覺。這樣，就可以擺脫煩惱、憂愁帶來的心理壓力，讓自己心情放鬆、愉快，露出久違的笑容。

第二，正確的對待學習

學習可以讓你暫時忘記那些不愉快的事情，特別是在煩惱的時候把自己投入到繁忙的學習中去的話，只要讓自己忙起來，就沒有太多的時間去想令你不開心和煩惱的事情了。但如果你的煩惱正是由於緊張的學習造成的，那麼你就要學會正確對待學習，合理安排學習。對學習要有正確的認識和態度，當然我們還應該做到勞逸結合，學習過程中也應該透過適當的休息來緩解疲勞。

第三，控制並適當發洩自己的情緒

當你感到煩惱和憂愁的時候，不僅要懂得自我調節，還要懂得控制自己的情緒，以及適當的發洩。

首先我們來講講如何控制情緒。當你煩惱或者憂傷的時候一定不要亂發脾氣，也不要隨便找人出氣，更不要拿愛你的人來出發洩情緒。要知道，人在這個時候的情緒是最難控制的，很多過分傷人的話都會不知不覺的脫口而出，這將嚴重的影響自己與別人的感情，而且，傷害一旦造成了，通常會難以彌補。所以，這種做法是極其不明智的。

其次我們要懂得適當發洩。當自己心裡非常難過，甚至是無法忍受的時候，需要正當的發洩情緒。你可以選擇在沒有人的地方放聲大哭一場，讓心中所有的煩惱和憂愁都隨著眼淚而流出；也可以找知心朋友傾訴，這樣不僅可以減輕你的精神負擔，還可以獲得他人的安慰和鼓勵；也可以參加一些體育活動或是做一些體力勞動，這些對解除煩惱、憂傷，控制情緒都有很大的好處。

【小發明大創造】

蠟燭的來歷

原始人把脂肪或者蠟之類的東西塗在樹皮或木片上，綑紮在一起，做成了照明用的火把。到了先秦上古時期，有人把艾草和蘆葦紮成一束，然後蘸上一些油脂點燃作為照明用，後來又有人把一根空心的蘆葦用布纏上，裡面灌入蜜蠟點燃。

大約在西元前三世紀出現的蜜蠟可能是今日所見蠟燭的雛形，有一段時期，西方寺院盛行養蜂，主要用來自製蜜蠟，這主要是因為天主教認為蜜蠟是處女受胎的象徵，所以便把蜜蠟視為純潔之光，供奉在教堂的祭壇上。從現存文獻看，蜜蠟在東方產生的時間大致與西方相同，而日本是在奈良時代（西元七一〇～七八四年）從中國引入這種蠟燭的。

【小故事妙思維】

有力的警告

年邁的燈塔管理員獨自一人守護者燈塔，為了排遣寂寞，他決定訂一份週報。送報紙的郵遞員每次給他送報時都沒有好臉色，因為送這份報紙他要划大約一個小時的船。

這一天，郵遞員又滿臉不悅的把報紙送到燈塔管理員處。燈塔管理員不動聲色的說：「下一次請您笑著來，如果您這樣做的話，我立刻訂一份日報。」

學會塑造自身的魅力

魅力，可以說是一種無聲的語言，具有強烈的感染作用。一個人擁有了足夠的魅力，就可以獲得老師、同學的喜歡，擁有了魅力，就等於為自己創造了創新的潛能。

一般我們認為，「魅力」是公眾人物所必備的一個籌碼，但是實際上，魅力並不是公眾人物的專利。

在你生活的周圍，也許就存在著很多有魅力的人，這些人其實很多都只是普通人，可是你卻能從他們身上感受到令你覺得溫暖、舒服的感覺，其實這就是人格魅力，它具有一種感染人的力量。

其實若我們細心觀察就會發現，這些具有無窮魅力的人非常容易的就察覺人際交往之間的微妙關係，只要有他們出現的地方，總是能聽見歡笑聲，所以人們喜歡和他們接近，由此可見，魅力能夠帶給我們好運。

那麼一個人的魅力又是來自於何處呢？它就是來自於一個人的氣質、能力、性格、修養、外表等各個方面。世界上沒有一個人是天生具有魅力的，所以，每個人都可以透過自己的努力，去創造條件，塑造自己的魅力。

很多人際方面的專家指出，魅力是良好並且發展均衡的溝通技巧，而這種溝通技巧我們在日常的生活中就能夠培養。

下面我們就向大家介紹一下魅力的訓練方法：

第一，必須要有強烈的動機。任何人要想讓自己變得有魅力，第一點就是要追求魅力，對魅力有一個正確的認識。

第二，必須要循序漸進，從外表開始。雖然我們經常說不要以貌取人，但是我們必須承認，外表有的時候是可以影響到別人對我們的看法的，特別是第一印象的作用很大。

第三，學會放鬆，要自由的抒發情緒。我們應該擁有一顆開放、真誠的心，隨時與別人做情感的分享和交流，這樣會讓生活更加有趣，而且也會讓別人更容易接近自己。

第四，多去聆聽和觀察別人。在人多的地方，我們要隨時注意別人的聲音與表情，學會觀察別人的一舉一動，這樣可以增加自己對別人情緒的掌握力。

第五，強迫自己與陌生人交流。我們在排隊買票、問路、到商場購物、等車的時候，都可以試著和陌生人進行友好的交談。

第六，即興演講。你可以在家裡對著鏡子練習，當然最好能把整個過程記錄下來，作為以後不斷改進的參考。人們之所以不喜歡在他人面前表現自己，多半是由於害羞，還有就是不自信。如果你能夠隨時面對各種話題都不假思索的進行交談，那麼這將成為你提升人格魅力的重要條件。

第七，嘗試不同角色以體驗生活。很多有魅力的人，都有著很豐富的生活經驗和開闊的眼界。無論你是扮演多麼不起眼的角色，你都要滿懷熱情，這樣你才能真正體驗到其中的樂趣。

第八，走向大眾，多出入於各種社交場合，多與社會上的成功人士交往，這樣可以從他們那裡獲得一些成功的技巧。

個人的魅力就是你擁有創新智慧的法寶，你擁有了它，就會有好運與你相伴。

【小發明大創造】

弓箭的來歷

在山西省桑乾河的一條支流峙峪河與小泉河匯合處，有一塊面積為一千平方公尺的小丘，考古人員在這裡發現了一塊被稱作「峙峪人」的枕骨殘片，其中有一種加工精緻的小石鏃，是用很薄的長石片製成的，它有很鋒利的尖端，這就是現在為止發現的最早的弓箭模型。

從這兩點可以推知峙峪人已經使用石製的弓箭。雖然這種石箭在今天看來很不正規，但迄今為止還沒有發現比它更早的弓箭。由此我們可以宣稱，人類歷史上最早的弓箭是在兩萬八千年前製造出來的。

【小故事妙思維】

還是步行好

古時候，有一位地主買了十匹馬，當他騎在馬上面的時候，數了數只有九匹。可是當他下來步行的時候，又數了數，發現馬的確有十匹。但當他一騎上去又是九匹，一下來又是十匹，這樣反反覆覆了好幾次，地主感慨道：「還是步行好。」

擁有良好的品格

俗話說：「品格就是力量。」這種力量是潛在的，它能產生許多直接的影響，並且影響深遠。

加菲爾德總統還是個孩子的時候，他就說：「首先，我必須使自己成為一個人，如果這一點我無法做到，那麼我肯定不會有其他任何成就。」

其實我們的主要事業不在於擔任什麼樣的職務，而在於成為什麼樣的人；而一個人的行為本身就會在自己的個性品質上留下烙印。

約翰．史都華．彌爾說：「對於個人來說，品格本身應該成為人類最高的追求目標，因為無論如何，只要存在品格或者存在接近理想品格的崇高狀態，那麼人類的生活將會變得真正的快樂起來，人們就會覺得愉悅，擺脫了肉體的創傷，而在較高層次的感受上人們也會覺得超越了現實中平庸並且碌碌無為的狀態，這種生活，是每個擁有較高能力的人都渴望得到的。」

一個人的決心會預示著他未來的前景。對於一個目標不堅定的人來說，他的未來不會有發光的希望，也不會有光明的前途。

對於一個人來說，唯一能夠贏得人們羨慕的成功應該是這樣的：隨著時間的

崩解慣性思維

你不是缺少創意，只是靈感迷路了

流逝，人們在精神與道德方面變得更加豐富和崇高，並且能夠不斷體會到自身能力的拓展與提升，其實這也正是我們生活真正的意義所在。

現在我們的社會很需要這樣的人，他擁有深刻的思想、高尚的心靈、堅定的信仰和隨時做好準備的心理。這樣的人才能擁有正直、高貴、誠信的特質；這樣的人，才不會被各種各樣的利益所誘惑；這樣的人，才會盡心盡力，踏踏實實的做事情；這樣的人，才會認清事情的本質，勇敢的揭露和反對各種花言巧語。

不管在什麼地方，人們都喜歡具有優秀品格的人，而排斥品行惡劣的人。擁有美好品行的人總會堅持這樣的原則：時刻保持舉止優雅，給別人及時的關心與幫助，幫助他人及早擺脫困境。

其實我們的身邊總是有這麼一些人，他們甚至不用發號施令，就能夠實現自己的目標。他們的影響力，和自身的能力都特別強大。人們很多時候都會困惑不已，到底是什麼原因使這些人的周圍能夠聚集很多人為其馬首是瞻，實際上原因很簡單，就是這些人具有非凡的品格，所以，可見良好品格的力量是多麼的強大。

【小發明大創造】

最古老的洗滌用品——肥皂

早在宋代，中國就出現了一種人工合成的洗滌劑，這種洗滌劑將天然皂莢搗碎研磨，加上一些香料等物，製成桔子大小的球狀，專門用來洗臉洗澡，俗稱「肥皂團」。

宋人周密《武林舊事》卷六〈小經紀〉記載了南宋京都臨安已經有了專門經營肥皂團的生意人。明人李時珍《本草綱目》中記錄了「肥皂團」的製造方法：「肥皂莢生高山中，樹高大，葉如檀及皂莢葉，五六月開花，結莢三四寸，肥厚多肉，內有黑子數顆，大如指頭，不正圓，中有白仁，可食。十月採莢，煮熟搗爛，和白麵及諸香作丸，澡身面，去垢而膩潤，勝於皂莢也。」

【小故事妙思維】

一堂禮貌課

一位女士上了公車，車上所有的座位都滿了。有位男士看女士手上拿著東西不方便，就主動站起來讓座，這位女士一聲不吭的就坐下了。

這時，那位男士轉身問道：「小姐，您說什麼？」

「先生，我什麼也沒說。」

「哦。對不起，我還以為您說謝謝呢。」

克服心理障礙三招

很多人在學習過程中，由於長期被動學習，使用不對的學習方法，從而形成了各種消極的心理障礙。這些心理障礙從根本上影響著我們學習成績的進步。我們只有及時消除各種心理障礙，才能夠快樂的進行學習。

我們在學習過程中比較容易產生依賴心理、急躁心理、慣性心理、重視理論等各種消極心理。這些都不利於學習，那麼我們如何才能消除這些心理障礙呢？

一、改變不良學習習慣和方法，做到重基礎、重實際、重過程、重方法。

重基礎，就是認真學習教材，根據大綱和教材來把握知識點，突出重點和難點，尤其要清楚教學內容的知識結構體系及各自在結構體系中的地位和作用。

重實際，就是要在老師和同學的幫助下，真正把握自己的學習、生活、興趣愛好、特長優勢、學習策略、一般水準等，對自己有一個切合實際的瞭解。在學習過程中，要努力結合與之相關的生產、生活實況，還要加強實際應用，在理論學習中初步體驗各學科的實用價值。

重過程，只有在學習過程中，才能掌握學習方法和訓練學習技能，這比掌握知識更為重要。所謂過程，一要揭示問題的提出或產生過程：二要揭示新舊知識的銜接、關聯和區別；三要揭示解決問題的思維過程和方法；四要對解題思路、解題方法、解題規律進行概括和總結。

重方法，學習方法是在學習活動中解決問題的具體途徑、手段和方式的總稱。我們要主動接受老師和同學的幫助，在如何閱讀教材、讀題和答題上進行知識體系的概括總結，進行自我檢查和自我評定，對解題過程和知識體系、技能訓練進行回顧和反思，從而不斷提高自己的學習水準。

二、把握學科取向，明確學習目標

我們要充分認識各門學科的歷史，把握各門學科之間的關係，特別要明白所學科目的地位和作用，明白當前的學習與自己今後進一步學習及能力提高的關係，從而增強克服學習心理障礙的信心、決心與恆心，主動積極的投入到學習中去。要在老師的指導下，確定自己的奮鬥目標與努力方向。

三、注重與老師和同學的合作

我們在學習的時候，每個人所想的問題，所懷疑的問題，所犯的錯誤都是不一樣的，所以一定要注意用老師和同學的思路、智慧來引導、啟迪自己。只有在與老師和同學共同學習的過程中，不斷調整自己的學習方法，才能使整個學習過程充滿輕鬆愉快的氣氛。

【小發明大創造】

算盤的發明人

算盤，這一個古老的計算工具，早在東漢末就由數學家徐岳發明。從徐岳的著作《數術記遺》中我們最早看到「珠算」這個字眼。不過，注釋中說它只能做加減法。今天看來，這頂多算是算盤的一個雛形。從現有可靠資料分析，珠算發明於宋元時期。明代程大位的著作《直指算法統宗》（一五九二年）是當時一部流傳最廣，影響最大的專門講述珠算的著作。

【小故事妙思維】

望文生義

外國人：「你們華人的確很勤快啊。」

華人：「為什麼這麼說？」

外國人：「每當我早晨走在街道上，可以看到路旁的很多招牌上寫著『早點』兩個大字，這是提醒大家動作快一點，提醒上班的人不要遲到嗎？」

有突破才能有創造

我們日常學習生活中總是很容易受到一些慣性思考所影響，進而阻礙我們的發散性思考，而一旦發散性思考受到干擾，就會阻礙創造力。要想知道如何克服阻礙發散性思考的障礙，就要先瞭解這些阻礙發散性思考的障礙是什麼？

一、書本性障礙

書本上面的知識可以說是很系統的，它是千百年來人類經驗和體悟的結晶，如果我們沒有書本，知識傳播就很困難。所以，很多人會很在意課本上面的知識，這其實是對的，但若是過於鑽牛角尖，就會阻礙我們思考。

比如有的人在做一道數學題時，發現自己解題的結果正確，但是方法和參考答案給出的解題方法不一樣，於是就開始懷疑自己，其實這是不對的。大家都知道，在數學題中，很多題目都存在著一題多解的現象，如果大家總是習慣性的依靠參考答案和課本，就會大大的阻礙自我思考的發展。

所以，我們為了能夠突破書本帶來的束縛，就要大膽的進行懷疑，相信自己，嘗試突破。

二、權威性障礙

權威顧名思義就是說這些人比一般的人更懂某些知識，在這一個領域裡是專家，而別人根本和他無法相比。所以，人們也才會更加尊重和相信權威。但是一旦對權威尊敬到了迷信的地步就不對了。很多人總是相信別人說的權威們給出的答案，不求證的就相信權威的一些話。其實，這些權威們的一些思考解決問題的方法並不一定比平常人的解決方法好，他們的參考答案也不一定就是最佳方案。所以，我們一定要敢於懷疑，有問題要大膽的提出來，和專家、朋友進行探討，在充分尊重權威的前提下，也要敢於向權威挑戰，這樣才能讓我們的思維越來越靈活。

三、經驗性障礙

我們每天的學習、生活就是在增加自己的經驗，這些經驗也就成為了我們發展的基礎。所以有的人才會很看重經驗。舉一個最簡單的例子，一個小學生在做練習題時，遇到不懂得題目，他向別人去請教，一個是高年級的學生，一個是同班的同學。在這樣的情況下，同學們很容易相信高年級學生，因為他認為高年級的學生比自己學習的知識多，而且經驗也多，所以懂得也多。其實同學們只看到了高年級學生經驗多，但是沒有瞭解他的經驗到底有多深。所以，我們最好要經過自己思考，認真分析，不要盲目相信經驗，要從事實出發，根據現實解決問題。

四、從眾性障礙

這種現狀在社會生活中隨時存在，換一句話說就是跟隨著大眾走。很多人在討論問題的時候，明明自己有獨到的見解，可是當把自己的見解說出來時，一看到大家都說不對，他也就放棄了自己的見解，沒有堅持到最後。

從眾性障礙不光在日常討論問題中出現，可以說在很多方面都會出現。為什麼喜歡跟隨大多數人的意見走？就是因為抱有大多人總是正確的這樣的態度。要想擺脫這樣的緊箍咒，就要敢於動腦筋，敢於提出與眾不同的觀點，然後運用自己的智慧來分析這個觀點。

【小發明大創造】

地毯的發明

西元前五百年，在中國已經出現了地毯。已知最早的地毯起源於西元前五世紀的中國和伊朗。一六〇六年，法國巴黎最早用上了機器編織的地毯。現在的地毯大多數是人造纖維和羊毛編織而成。

【小故事妙思維】

不抓糖果的小男孩

有個小女孩跟著媽媽到一家雜貨店去買東西，雜貨店阿姨看見這個可愛的小女孩，就打開一罐糖果，示意小女孩自己抓一把糖果。但是這個女孩看了看，卻沒有任何動作。那位阿姨幾次的邀請之後，就親自抓了一大把糖果放進她的口袋中。

回到家中，母親好奇的問小女孩：「你不是很喜歡吃糖果嗎？為什麼沒有自己去抓糖果而要老闆抓呢？」小女孩的回答很妙：「因為我的手比較小呀！而阿姨的手比較大，所以她抓的一定比我抓的多很多！」

保持積極的心態

在學習、生活中，我們每個人都經常會給自己設定種種目標，並努力去實現，因此，每個人都在不斷的取得成功，成功學家們也一致認為，每個人都能成功，每個人都能致富。但是成功沒有規則。因為環境的不同，自身條件的不同，不同人的成功意識就存在著差別。有的人成功的欲望強烈，而有的人則隨遇而安、得過且過。有的人一帆風順、成就大業，而有的人則命運坎坷、處處碰壁……

同樣是人，為什麼不同的個體之間會出現這些差異？其中至關重要的一點是每個人的「心態」——積極的心態與消極的心態，正是這一點導致了我們每個人不同的人生結局。

失敗通常是與成功相伴相隨的，但一個積極心態者並不會否認失敗，他們只是學會了勇敢的面對失敗，不讓自己被失敗所征服，不讓自己深陷一種不幸與痛苦之中，從而將消極的一面轉化為積極因素，藉以獲取人生的快樂與成功。

人的能力是無限的，可見，一個人的潛在力量更是無限的，一般人只是發掘了非常小的一部分潛能，而決定一個人潛能發展的主要因素就是他的心態。

第三章　挖掘創造的潛能

保持積極的心態

有的人能發揮潛能，取得成功，是因為他能始終保持積極的心態。人生是好是壞，不是由命運來決定的，而是由我們的心態來決定。我們可以用積極的心態去做事，也可以用消極的心態去做事。但是積極的心態能夠激發潛能，而消極的心態卻會抑制潛能。

美國作家兼演說家海利提供的一份資料表明：美國合法移民中成為百萬富翁的機率是土生土長美國人的四倍。而且不管是黑人、白人或者其他種族的人，不論男女都毫無例外。

為什麼會這樣呢？下面這個事例就為我們找到了答案。

一名世界冠軍射手，舉起他的弓，眼睛緊緊的鎖定在三十碼外的靶心。此時此刻，除了紅心之外，沒有任何事情可以吸引他的注意力，他拉緊了弦，眼睛注視著目標。

接著他沉靜而迅速的掃視自己的身體和心理狀態，他感覺到有點不對勁，於是放下了弓，再重新拉了一次，假如一切都沒有什麼問題的話，他只要瞄準靶心，放心的讓箭飛出去，就能夠射中紅心。

這種冷靜的自信，充足的狀態，是否僅為體壇上的超級巨星所特有？這倒也不是。只是當體壇明星處於這種最佳競技狀態時，他才會贏得勝利。而當他心態不佳的時候，則會一掃以往的威風，說不定還會輸給名不見經傳的小輩。

同樣，即使一位平日成績平平的運動員，只要當他處於最佳心態的時候，也可能會取得驚人的成績，打敗那些狀態不佳的明星。其實這樣的經歷我們每個人都曾有過，或許只是你不知道而已。

從某種角度來說，我們都是射手，都想在生活中一射即中，假如我們鍛鍊肌肉後將箭射向靶心，為什麼我們不能每次都如願呢？我們又沒有改變什麼？應該是一如既往才對，怎麼會前一段時間還眉開眼笑，後一段時間就哭喪著臉呢？為什麼連一流的運動員都會有得心應手之後，接連失敗的情況呢？

其實差別就在於我們擁有不同的心態。在擁有積極進取心態時，我們自信、自愛、堅強、快樂、興奮，這會讓你的潛能發揮得淋漓盡致。在消極心態下，我們多疑、沮喪、恐懼、焦慮、悲傷，這讓我們渾身無力。

就是這樣，我們每個人在好與壞狀態之間進進出出，任何時候，你的認知都受控於你當時的狀態，而這時的認知便會影響你隨後的想法和做法，換句話說，你會有什麼樣的行為跟你的能力無關，而是跟你身心所處的狀態有關。

因此，你如果想改變自己做事的能力，那麼就改變自己當時身心所處的狀態，這樣便可以把蘊藏的潛能一一發揮出來，做出驚人的成績。

【小發明大創造】

汽車的發明者

德國人卡爾．弗里德利希．賓士是世界公認的汽車發明者。他在一八八五年研發出世界上第一輛馬車式三輪汽車，並於一八八六年一月二十九日獲得世界第一項汽車發明專利，這一天被大多數人稱為現代汽車誕生日，賓士也被後人譽為「汽車之父」。

【小故事妙思維】

你叫什麼名字

一次桑切斯和妻子一起出國，在海關檢查護照時，檢察官問他妻子叫什麼名字。這時他怎麼也想不起來她叫什麼。檢察官懷疑的看著桑切斯。正在這時，他的妻子走到他旁邊，桑切斯馬上對她說：「伊娜，看在上帝的面子上，你叫什麼來著？」

逆反心理的強大效應

逆反心理是一種反常心理，這種心理雖然帶有變態心理的某些特徵，但它與變態心理還是有著本質上的不同。但有逆反心理通常會帶來比較嚴重的後果，它會導致一個人出現對人對事多疑、偏執、冷漠、不合群的病態性格，可以讓人信念動搖、理想泯滅、意志衰退、工作消極、學習被動、生活萎靡不振等。

但是相對的我們可以利用逆反心理來達到我們的目的，善用逆反心理的人，有時會收到意想不到的效果。「逆反心理」是一種常見的心理現象，它不僅被人們利用在了學習中，而且運用在了生活的各個方面。

一位名叫諾曼沃特的美國收藏家，他看到很多的收藏家為收購名貴的物品而不惜花費重金，於是他靈機一動，「我為什麼不收藏一些劣畫呢？」他收購這些所謂不好的畫有兩個標準：第一是名畫家所畫出的「失常之作」；第二是價格低於五美元的無名人士的畫。於是這些畫家聽說以後，他們就趕緊將自己的劣畫賣給諾曼沃特，有的畫家甚至直接送給他。沒過多長時間，諾曼沃特就收藏了二百多幅這樣的畫。

一九七四年，諾曼沃特在報紙上登出了廣告，聲稱要舉辦首屆劣畫大展，目

逆反心理的強大效應

的是為了讓年輕人學會比較，懂得鑑別畫作，從而發現好畫與名畫的真正價值。

最後出乎人們意料的是，這一畫展舉辦得非常成功。沃特的廣告廣為流傳，成為人們茶餘飯後經常談論的話題。觀眾們總是爭先恐後的參觀，有的甚至千里迢迢的趕來觀看。

沃特的成功之處就在於他的「劣畫大展」很具有個性，可以說是獨樹一幟，十分具有新鮮感，這就是迎合了大眾們的逆反心理。

還有一次，美國艾士隆公司董事長布希耐心情很是煩亂，他正為公司陷入困境而束手無策，於是他駕車到郊外散心，當時他看到幾個孩子在一起玩一隻特別難看的昆蟲，但是孩子們卻玩到了愛不釋手的地步。布希耐意識到，某些醜陋的東西可能會在一些孩子中占有重要的心理位置。於是他頭腦中突然產生了一種靈感，立即研發出一套「醜陋玩具」。

但是出乎人們預料的是：這些玩具問世以後一直暢銷不衰，其中很多款都已經累積銷售出近千萬個。

我們可以有把握的說，只要我們用心，就能從任何一件事情中找到其中正面的含義和積極的因素，關鍵是頭腦中要有這種意識和習慣。

種種事例告訴我們，學會利用大眾的逆反心理，往往會收到意想不到的效果。因此作決策時我們不能墨守成規，而要敢於開拓，勇於創新。創新必須對新鮮事物有興趣，善於瞭解事物發展的未來趨勢，隨機應變，機動靈活，敢於標新立異，走前人沒有人走過的路。

【小發明大創造】

照相機的來歷

早在西元前四百多年，在大思想家墨子所著的《墨經》一書就詳細記載了光的直線前進、光的反射，以及平面鏡、凹面鏡、凸面鏡的成像現象。到了宋代，在沈括所著的《夢溪筆談》一書中，還詳細敘述了「小孔成像匣」的原理。

在十六世紀的文藝復興時期，歐洲出現了供繪畫用的成像暗箱。一八三九年八月十九日法國畫家達蓋爾公布了他發明的「達蓋爾銀版攝影法」，於是世界上誕生了第一台攜帶式木箱照相機。

【小故事妙思維】

看戲

瞎子、聾子、瘸子，三個人一起看一場戲。只聽他們三個人一邊看一邊評論。

瞎子說：「今天的戲，唱的很好，不過造型不好。」

聾子說：「今天的戲，造型真好，可惜沒有聲音。」

瘸子說：「今天戲不錯，造型好，聲音也好，就是戲台搭歪了。」

學會「繞圈子」

有一位名人說過：「當每一個人都具有相同的想法時，那每個人都錯了。」我們常常習慣於人云亦云，習慣於傳統的思維方式，按照流行的思維定律去思考問題，走著別人走過的路，做著別人做過的事情。我們應該明白，社會的進步是靠創新來推動的，因此，遇到障礙就要想出變通的辦法，才有可能採摘到豐碩的果實。

在宋朝的時候，潭州城有個非常有錢的財主姓魏，他有一個寶貝兒子。一次他兒子看見鄰居的孩子用魚鉤釣小雞的遊戲非常有趣，便學著小雞的樣子用嘴去叼魚鉤，但是一不小心，魚鉤卡在了他的喉嚨裡，這下子可把他的家人急壞了。醫生們看後也毫無辦法，一時間魏家都慌了神。

後來透過別人介紹，魏家請來了一位姓莫的老人，這位老人有著豐富的生活經歷。莫老人叫魏家準備一個蠶繭、一串佛珠和一些豬油。他先將蠶繭剪下一塊，弄軟並注入豬油，然後在蠶繭上開了一個小孔，用小孩嘴邊留下的魚鉤線把它穿上，讓小孩張開嘴，將蠶繭塞入小孩的口中，緊接著將佛珠依線穿上，讓孩子吞下。這樣串緊的佛珠如一條硬棒，直抵喉中的魚鉤，莫老人用力向下一按佛珠，魚鉤便從喉嚨處退了下來。因塗了豬油的蠶繭已經將魚鉤緊緊的包住，莫老人很輕鬆的將魚鉤從孩子的喉部提了上來，眾人見了，無不感到驚訝。

從喉嚨裡取出魚鉤，按照常規的方法應該是往上提，但往上提勢必會刺破孩子的咽喉。而莫老人先用蠶繭裹住魚鉤，然後再向下按，這樣魚鉤就輕輕的從喉部退了下來，再將它順利的提出來，這就解決了孩子喉中的魚鉤問題。

還有一個關於乾隆皇帝的故事。

乾隆皇帝平時很繁忙，休閒的時候他就找一些學識豐富的大臣，比如紀曉嵐和劉墉這樣的才子，讓他們來到御花園陪他談論古今、飲酒作樂。

有一天，紀曉嵐、劉墉這兩位大臣，說著說著居然就爭執起來。紀曉嵐問劉墉：「你們山東的蘿蔔一向比較出名，最大的有多大？」劉墉想都沒想就比劃著他們家鄉有名的大蘿蔔。

紀曉嵐卻不以為然的回答：「你們山東的蘿蔔再大，也不可能比我們直隸的大。」劉墉對此非常不服氣，因為山東的蘿蔔是出了名的大，這是很多人都知道的事情。於是兩個人你一言我一語的爭論不休。乾隆皇帝在旁邊聽到以後覺得很搞笑，也認為這個問題很容易解決，沒有必要在這裡爭來爭去，於是他告訴兩人，明日準備好你們各自認為最大的蘿蔔，帶上朝來讓大家評評理。

第二天，劉墉帶著一個大蘿蔔上朝，所有的朝臣看見這麼大的一個蘿蔔都讚嘆不已。乾隆皇帝問紀曉嵐：「你的蘿蔔在哪呢？」沒有想到紀曉嵐從袖口裡面拿出一個非常瘦小的蘿蔔。大臣們不知道紀曉嵐又在搞什麼鬼。

乾隆皇帝有些生氣的對紀曉嵐說：「你這是開什麼玩笑。」只見紀曉嵐不慌不忙，用非常誠懇的語氣說：「回皇上，我找遍了全直隸省，才找到了這個最大的蘿蔔。皇上，直隸的土壤十分貧瘠，再加上近半年來天災不斷，因此農作物普遍的收成不好，百姓無法繳納太多的糧食。」於是乾隆皇帝沉思了一會兒說：「我看這樣吧！直隸因為窮就少納糧，山東富有就多納些糧食。」

聰明的紀曉嵐運用迂迴變通的方法，達到了自己的目的，難怪世人都稱其為「紀大才子」。

【小發明大創造】

衛生紙的來歷

衛生紙誕生在美國，又名「皺紋衛生紙」，現代意義上的衛生紙都屬於皺紋衛生紙。

二十世紀初，美國史古脫紙業公司買下一大批紙，因運送過程中的疏忽，造成紙面潮濕產生皺折而無法使用。面對整倉庫無用的廢紙，公司的所有人都不忍心看到這麼大一筆損失，但是不知道如何是好，這時候，公司負責人亞瑟・史古脫突發奇想，他想到在紙卷上打一排小洞，讓紙卷變成容易撕成一張一張的紙巾，史古脫將這種紙命名為「桑尼」衛生紙巾。這就是現在常用的衛生紙的來歷。

【小故事妙思維】

無以為家

有人問：「詩人為什麼不像小說家、散文家那樣被稱為『家』呢？」

旁邊一個人解釋道：「那是因為詩人很浪漫，要到處去尋找靈感，不能被『家』拖累。」

「不對。」詩人感嘆說：「那是因為一首詩不值幾個錢，我們才沒能力成『家』呢！」

要有不畏挫折的勇氣

英國首相邱吉爾說過：「你若想嘗試一下勇者的滋味，一定要像個真正的勇者一樣，豁出全部的力量去行動，這時你的恐懼心理將會被勇猛、果敢所取代。」

有一頭饑餓的小毛驢，在路上發現兩堆稻草。牠走到左邊，發現左邊的草堆似乎沒有右邊的多；牠又走到右邊，又覺得右邊的稻草好像不如左邊的新鮮，於是牠就這樣左右為難的走來走去，結果，在猶豫不決中餓死了。

從這個寓言故事中不難看出，人的一生中，時時刻刻都會面臨選擇，在需要你作出抉擇之時，如果你總是猶豫、徘徊，瞻前顧後、畏首畏尾的反覆考慮事情的絕對安全係數的話，那麼，等你終於作出選擇之時，你已經失去一些大好的時機，甚至可能會一事無成。俗語說：「當斷不斷，必留後患。」

在生活中，性格內向的人總是優柔寡斷，缺乏勇氣。相反，那些性格外向的人所具有的勇氣則是他們的一個絕對優勢，因為性格外向的人都很喜歡冒險，喜歡追求刺激，並且有著強烈的好奇心。

一個人的膽量、膽識與膽略，體現了一種冒險精神。膽大的人能夠把握機

要有不畏挫折的勇氣

會，凡是成功的商人、政客，都具有非凡的膽略和魄力。

聯想控股董事長柳傳志創業時歷盡千辛萬苦，儘管一再受挫，但他還是一如既往的為了自己的理想而努力。能走到今天，用柳傳志自己的話說就是，「做得好，一步登天；做不好，打入地獄。」但不管自己所面對的現實如何殘酷，柳傳志一直有把聯想建設成為一個偉大公司的堅強意志。

聯想這個公司成功與否是另外一回事，但是對於柳傳志個人來講，我們看到的只是他風風光光的一面，而沒有看到他所經歷的千辛萬苦。其實，凡是大人物沒有不經歷艱難困苦的。但我們應該向柳傳志學習的是：膽商是一種胸襟，能看淡得失成敗；膽商是一種責任，能對事業負責；膽商更是一種見識，能把握大局。可以說，膽商是氣魄、學識、能力、水準的綜合表現。

為什麼專業人士很少有人能成為老闆？一個重要原因是：專業人士都是高智商、高情商，但做老闆的人往往是膽商第一。膽大，思想格局就大，下決策就快。「膽商」並不是無知的莽撞。「膽商」是建立在一定知識水準的基礎之上的。中國的許多成語「大智大勇」、「智勇雙全」、「鬥智鬥勇」等都把「智商」和「膽商」相提並論，可見兩者密不可分。

性格外向的人曾經一度被大家公認為是膽商最高的人。他們的成功與否一定程度上取決於自己是否有敏銳的眼光，以及是否敢於面對變化，是否善於從變化中找到機會。他們在該放棄的時候從不拖泥帶水，在該出手時絕不猶豫，有著敢為天下先的超人膽識。

《莊子》一書中講了這樣一則寓言：宋國的一家人，有一個祖傳祕方，這個祕方能保證人冬天手上不生凍瘡，皮膚不會龜裂。這家人靠這個祕方世世代代以漂白布料為生。後來，吳國人用重金買到了這個藥方，用來給軍隊使用，結果有效的防止了官兵凍傷，屢打勝仗。同樣一件東西，因為使用者的眼光不同，結果就是天壤之別。

機會是上帝的別名，只要你懂得發現機會並把握機會，你就能夠成功。

【小發明大創造】

日光燈的發明者

一九三八年，美國通用電子公司的伊曼發明了一盞燈。這盞燈是一根玻璃管製成的，管內灌進一定量的水銀，管的內壁有螢光粉。在燈管的兩端各有一個燈絲做電極。當通電以後，首先是水銀蒸汽放電，放電的同時產生紫外線，紫外線激發管內壁的螢光物質而發出可見光。因為這種的成分和日光很相似，所以，螢光燈也稱「日光燈」。

【小故事妙思維】

人生的幸福

有一天，羅素的一幫學生前來看他。走進門後，只見羅素正雙眼注視房屋外邊的花園，陷入了沉思。

有學生就問羅素：「老師，您在苦思冥想什麼？」

「每當我和一位大科學家談話，就覺得自己這輩子已經沒有幸福的可能了。但每當我和我的花園談天，我就深信人生充滿了陽光。」

不要忽視偶然現象

我們千萬別忽視生活中的偶然現象，也許它就是你成功的開始。

作為西班牙一個製作蛋糕的小商販，哈姆威因為受到狂熱的移民浪潮的感染，按捺不住自己的發財欲望，便帶著自己的淘金夢來到美國。然而，美國並沒有他想像中的那麼好，並不是遍地黃金。他的蛋糕在西班牙出售和在美國出售其實都一樣，根本沒有什麼區別。

一九〇四年的夏天，美國要舉辦一屆博覽會，哈姆威得知消息後，他把自己製作蛋糕的工具搬到了會展地點附近。經過一些交涉後，政府允許他在會場外面出售他的蛋糕。不過，會展開始後，他的蛋糕生意實在不怎麼樣，而和他相鄰的一個賣霜淇淋的商販生意卻很好。

聰明機智的哈姆威腦中閃出一個念頭，就把自己的蛋糕捲成了錐形，把霜淇淋放在裡面，這種新奇的食品吸引來很多顧客。賣霜淇淋的這個商販覺得這個方法不錯，便買了哈姆威的蛋糕，大量的錐形霜淇淋很快就賣完了。更讓他們意想不到的是，這種錐形霜淇淋不僅被來往的顧客看好，而且被評選為這一屆博覽會的明星商品。

不要忽視偶然現象

從此，這種錐形霜淇淋開始大量在市場上出售，逐漸演變成現在的蛋捲霜淇淋。

一次偶然的創意，哈姆威這個蛋糕商人發明了一個新的東西，從此霜淇淋真正進入了我們的生活。其實在長期的實踐中，人們有時會得到一些偶然的發現。說是偶然，其實並非如此，當人們對所研究的物件還認識不清而又經常和它打交道時，就可能出現一些出乎意料的想法。在生活中，我們要善於透過大量的偶然性去把握事物發展的必然性，千萬別忽視生活中的偶然，也許它就是你成功的開始。

在前蘇聯，一個近視的男孩摔了一跤，把眼鏡摔碎了，鏡片的玻璃刺進了他的眼睛裡，刺傷了他的眼角膜。莫斯科外科手術研究所的弗奧多洛夫博士幫他做了手術，取出他眼中的碎玻璃，治癒了他的眼睛。

手術之後，令人驚訝的事情發生了。這個男孩的視力比受傷前有了明顯的提高。後來，醫學家們分析，這是因為在取出眼鏡碎片的手術中，意外的改變了男孩眼角膜的彎曲度，從而帶來了他視力的提高，弗奧多洛夫博士也由此發明了透過改變角膜的彎曲度來治療眼睛近視的新技術。

因此，我們不要輕易放過一些偶然的現象，因為許多現象的奧祕正是透過它們才揭示出來的。有些偶然的發現正因為它不在預料之中，也正因為它不屬於舊的思想體系，所以往往可以成為研究的新起點。

偶然扔下的一顆種子，會在路邊長成綠蔭；偶然產生的一個想法，能夠創造出奇蹟；偶然說出的一句話，能夠擦亮迷失的眼睛。我們的生命充斥著太多的偶然，讓我們學會把握機會，並好好珍惜它，你會發現，原來成功離我們是如此的近。

【小發明大創造】

化肥的大發明

一九世紀，德國化學家弗里茨．哈伯發明了一種生產氨（含氮）的方法。在化學家卡爾．博施開發的一種催化劑的幫助下，氫與氮產生化學反應，成為化肥。這種方法現在稱為「哈伯─博施法」，該製造法在一九〇九年公開，氨生產工業加速成長起來，氨成為化學肥料的基礎，也使農作物產量大幅度增加。

【小故事妙思維】

人與箱

有一次，蘇聯著名兒童文學家蓋達爾外出旅行時，被一個熱愛他寫的書的小學生認出來了，這個小學生就上前搶著替他拎行李廂。小學生發現他的行李箱非常破舊，他好奇的問道：「先生這麼『大名鼎鼎』的，為什麼用的皮箱卻是『隨隨便便』的呢？」

蓋達爾說：「這樣難道不好嗎？如果皮箱是『大名鼎鼎』的，我卻是『隨隨便便』的，那不是更糟。」

崩解慣性思維

你不是缺少創意，只是靈感迷路了

第四章　樹立創新意識

創新意識五原則

我們如果總是追尋傳統的思考方式是無法產生創新意識的，所以，我們必須用創新的思維來思考問題，下面向大家介紹五項基本原則，來幫助大家樹立起良好的創新意識。

第一，快樂思維的原則

快樂是人們產生創意的催化劑，創新意識本身就是一種以人的大腦為核心的主動、積極的處理各種複雜資訊的過程。而想讓大腦始終保持一種高效的運轉狀態，這就要求我們必須具有快樂的心態和興奮的思維。

(一) 積極樂觀的心態

我們要不斷利用外在和自身的各種資訊，對自己進行積極的暗示，並且始終從樂觀的角度去考慮各種問題，用寬容的心態去對待別人，特別是要以自己的特長和自身的優勢作為突破口，愉快的接觸各類領域的人們以及多進行交流。

(二) 學會樂觀的觀察與思考

資訊是大自然提供給人類的資源，我們一定要善於觀察和利用。

在現實生活中處處都存在資訊，以樂觀的心態觀察生活中的人，我們才能產生有意思、有趣味的思維成果。歸根究底，善於樂觀的進行觀察和思考才是不斷產生創新的重要保障。

㈢廣泛的興趣和交流

我們只有擁有了廣泛的知識和興趣，才能激發和觸動我們創意的靈感，人與人之間各種形式的思想交流和資訊溝通，才是激發創新意識的重要途徑。

第二，自由思考原則

自由不僅是產生創新的保障，還是人類生存的最基本需求。自由包括思想自由和行為自由，無論是哪一個受到禁錮，人的思維能力都會受到抑制。所以，創新意識必須要具有自由思維的原則。

㈠保持身心的自由

自由思維原則就是在思考和探索問題時，必須讓自己的身心處於輕鬆、自由的狀態。這樣才能擺脫慣性思考的制約，實現創意的突破。

㈡開放性的接受新事物

自由思維原則的核心就在於以開放的心態，自由的接收外界資訊。可以說開放性是一種自由接受外來資訊的重要形式。我們只有開放才能「靈活」，靈活才能產生「創新」，才能在競爭中求生存，求發展。

第三，改變慣性思考原則

創新意識都是在批判的基礎上產生的，在學習別人知識的同時，我們要有自己獨特的想法，要嘗試打破各種慣性思考。

第四，突破思維障礙原則

如果一個人只會懷疑別人而從不懷疑自己，就會陷入到「夜郎自大」的慣性思維中。所以，我們還要學會改變「自以為是」的慣性思維，以此來破除自己的主觀想法。

第五，簡單創新原則

創新意識的靈感來源於生活，我們只有充分的探索、利用自然和社會的資訊，才能找出創造力的泉源。創新能力的發揮，取決於自身創新思維的潛力，所以，我們要培養一個人的創新意識，首先就要具有創新的能力。

【小發明大創造】

壓力鍋的來歷

法國青年醫生帕潘因故逃往國外。有一天，他走到一座山附近，覺得餓了，於是找了一些樹枝，升起柴火煮起馬鈴薯來。但不管水滾開了多少次，馬鈴薯依然不熟。

幾年後，帕潘的生活有了轉機，他來到英國一家科學研究單位工作。但山峰上的往事，他仍記憶猶新。又過了兩年，帕潘按自己的新想法繪製了一張密閉鍋圖紙，請技師幫著做。另外帕潘又在鍋體和鍋蓋之間加了一個橡皮墊，鍋蓋上方還鑽了一個孔，這樣一來，就解決了鍋邊漏氣和鍋內發聲的問題。帕潘把馬鈴薯放入鍋內，點火冒出蒸氣，十多分鐘之後馬鈴薯就煮爛了。一六八一年，帕潘造出了世界上第一個壓力鍋——「帕潘鍋」。

【小故事妙思維】

延長時間

經過一番仔細的檢查後，醫生告訴病人，他只能再活六個月，病人聽後對醫生說：「這麼短的時間啊，分期付給您的醫療費，我怎麼能還完呢？」

「那好吧！」醫生回答說：「再延長六個月的時間，你總能還清帳單了吧。」

不可不知的逆向思考法

逆向思考法，顧名思義就是反過來想一想，不採用人們通常用來思考問題的思路，而是從相反的方向去思考問題。逆向思考法常常具有挑戰性，能夠出奇制勝，是取得突破性解決問題的方法。

在生活中很多東西都需要反向思維，因為事物的本質也許正與它所表現出來的現象相反。不管我們利用什麼方法去瞭解情況，都還存在著資訊不充分，甚至資訊失真的可能性。根據這些資訊下的結論，其正確性就很值得懷疑。但是我們不可能等資訊充分才開始行動，這樣又會耽誤時機。

在大多數的情況下，我們首先要解決的問題是有沒有的問題，而不是好壞的問題，是好是壞，在行動中可以逐漸得知，之後再根據收集到的情況來做出必要的調整，這也是我們最佳的挑戰人生、解決問題的方法。

一九四〇年代，匈牙利人發明了原子筆，由於它易於書寫和便於攜帶，所以一問世便風靡全球。然而好景不長，人們使用原子筆一段時間後就發現原子筆總是出現漏油的毛病，為此，原子筆上市幾年後就出現了銷售危機。

許多研究原子筆的人對於漏油問題進行了反覆的深入研究，大家都發現原子

不可不知的逆向思考法

筆使用時間一長，筆珠受到磨損，墨油就會在磨損部位漏出來。許多人為此絞盡腦汁想延長筆珠的壽命和耐磨損度，卻毫無成果，難題一直未能有效解決。

日本人中田藤三郎分析了原子筆的結構及出毛病的原因，也研究了許多人對改進漏油問題的失敗原因，最後他採取了逆向思考法，成功的防止了原子筆漏油。中田的做法是在筆芯上做文章。他透過反覆試驗，統計當原子筆寫到多少字後就開始漏油，在掌握這個數量的基礎上，他著手減少筆芯的裝油量。這樣一來，當筆珠磨損而開始漏油時，筆芯中的油墨也差不多也用完了，這樣就再也無油可漏了，就這樣，中田巧妙的解決了漏油問題。

當大多數發明家都按照某一個原理或沿某一個方向進行思考還沒有獲得成功時，不妨把發明的思路方向從反面進行思考，這樣或許會使問題獲得圓滿的解決。

日本發明學會會長豐澤豐雄在談到中田藤三郎的方法時曾說：「這真是一個絕妙的逆向思考方法。」

考慮問題若不尋求變通的話，只能一步步走向絕路。保持我們自身健康發展的過程，其實就是一種平衡各種關係的過程，在這個過程中不斷的糾正方向，但是不管如何的變換方向，也一定要是均衡發展。就像走鋼絲，可以靈動的、自動的向多方向發力，為的就是保持目標方向的平穩。

有時候心裡雖然有很多思緒，但始終找不到突破口。其實不一定非要從眼前的事物著手，往往那些看起來與目標相反的事物中往往蘊藏著無窮的奧祕，同樣的事物反過來思考可能效果大不相同。

透過逆向思考能激發我們的創造力，也能更深刻的展現我們的智慧。大到飛機，小到一支鉛筆，發明創造就在我們的生活中，遠在天邊，近在眼前，世界上任何一種事物都可以作為我們思考的對象與目標。只要我們平常多留心，多動動腦，就會有意想不到的發現等著我們。

【小發明大創造】

手機的來歷

一九七三年四月的一天，美國著名的 Motorola 公司的工程技術人員馬丁．庫珀站在紐約街頭，掏出一個約有兩塊磚頭大的無線電話撥通並說話，引得過路人紛紛駐足側目。他手中拿的就是最初的手機，他被稱為行動電話之父。

【小故事妙思維】

求情

有一次，阿里斯提德的一個朋友犯了一些錯，他就到國王那裡請求為自己朋友求情。國王沒有答應，於是他便跪在國王的腳邊懇求，國王這才答應了他。周圍的人見他這樣做，忍不住嘲笑他，他回答說：「這不是我的錯，而是國王的不對，因為他的耳朵長在腳上。

善用直覺，勇於創新

有人認為跟著理智走，用理智判斷事情才會更有把握，但是，有的人也認為有的時候應該跟著感覺走，因為感覺到的東西未必就不可靠。

據說，古希臘著名的數學家畢達哥拉斯有一次應邀到一個朋友家裡作客，當其他人談興正濃時，他卻對主人室內地板上鋪著的一個個直角三角形的花磚產生了濃厚的興趣。在大庭廣眾之下，他竟然忘記了自己是這裡最尊貴的客人，他彎下腰去仔細研究起花磚的數學關係來。他掏出筆，在花磚上的一個直角邊上寫了甲，在另一個直角邊上寫了乙，在花磚的斜邊上寫了丙。他發現，以甲為邊的正方形的面積是甲乘以甲，這恰好是兩個黑直角三角形花磚的面積之和；以乙為邊的正方形，面積是乙乘以乙，這恰好是兩個白色三角形花磚的面積之和，以丙為邊的正方形，面積是丙乘以丙，這恰好是兩個白色三角形花磚和兩個黑色三角形花磚的面積之和。

於是就這樣，畢達哥拉斯憑藉他的直覺，在他朋友的地板花磚上面發現了一個新的數學定理：所有的直角三角形的兩直角邊的平方之和等於斜邊的平方。

其實只要不是過度的被一時的情感所干擾，直覺往往能給我們帶來更準確的結論。因為理性判斷會被意識的語言、行為以及感情等一些因素所影響，而直覺卻更能注意到一個人無意間露出的內在資訊，也可以說是內心的想法。

在商場上，人們都說商場如戰場，而人們所能獲得的有效資訊是非常有限的，幾乎不可能在事先就保證所做的決策是正確的。而且，商情瞬息萬變，有時候慢條斯理的調查分析會需要很長的時間，從而就會失去最好的商機。而直覺在這裡就更具有不可替代性，不少理論專家往往會作出錯誤的判斷，但是直覺力很強的人卻能做出快速而準確的決策。

在創新實踐中，直覺思維的作用是巨大的。

幫助我們選擇目標。

在創新的過程中，人們常常會面臨目標的選擇，特別是當各種目標在一起，難以做區分的時候，我們往往會陷入不知道如何是好的地步。目標的確定，僅僅靠邏輯推理是不行的，有的時候需要借助直覺的力量，敏銳察覺到目標的深遠意義，從而產生重大的發明或者發現。英國著名的物理學家拉塞福憑藉直覺的判斷，全力的投入到原子物理學和原子核子物理學的研究領域，為世界做出了一系統偉大的貢獻。

幫助我們提出某些假設。

直覺思考能夠突破經驗思維和理論思維的限制，充分調動思維的潛能，從思維的起點一下子跨越到思維的終點，從而創造性的提出新的科學理論。在二十世紀初，物理學家普朗克提出了量子假說，引發了古典物理學的一場革命；愛因斯坦則憑藉非凡的直覺思維能力，把這場革命推向了頂峰，出現了物理學界的一系列大發現。

其實我們的潛意識就好像是直覺，在直覺剛剛出現的時候是一股涓涓細流，如果意識活動太強，就會堵塞潛意識的細流；如果任其自然流動，所需要做的只是在下面用容器接水，那麼出水口就會越來越大，流出的水也就會越來越多。

【小發明大創造】

火柴是由誰發明的

根據史料記載，最早的有關火柴的紀錄，是西元五七七年的中國，當時是南北朝時期，朝代更迭，戰火頻繁，北齊國腹背受敵，物資非常短缺，由其是缺少火種，煮飯都成問題，當時一班宮女不知如何的發明了火柴，解決了火種的問題。明代時，馬可波羅將火藥傳入歐洲，後來歐洲人就在這個基礎上發明了一度被人稱為「洋火」的現代火柴。英國的沃克在一八二六年利用硫化銻和氯化鉀混和樹膠和水製成了膏狀糊劑，塗在火柴柄上並砂紙上來回摩擦便產生了火。

【小故事妙思維】

指紋在臉上

警官：「你們兩個人還抓不到一個罪犯，真是飯桶。」

員警：「長官，我們不是飯桶，雖然罪犯跑了，但我們還是想辦法把他的指紋帶了回來。」

警官：「在哪裡？」

員警：「在我們臉上。」

「順藤摸瓜」就會有創新

我們總是徘徊在成功與失敗之間，支配著人們跨越這關鍵一步的並不是運氣和命運，而是智慧和機遇。

「順藤摸瓜」常用來比喻按照某條線索去探究事情。作為創新思考的新方法，則是指順著與事物有著相關的「藤」，去摸到具有創意的「瓜」。也就是抓住了已知的線索不輕易放手，來一個打破砂鍋問到底。

英國攝影師邁布里奇是一個賽馬迷。在一八七二年的一天，他和一個很好的朋友因為一個問題在賽馬場上發生了爭執，最終鬧得不可開交。兩人爭論的原因其實很簡單，就是說：馬在全速奔跑時，四隻馬蹄是否完全離開地面？他們兩個人各持己見，誰也說服不了誰。後來他們商量決定，用照相機將馬奔跑一段路程的情景如實的拍攝下來，然後再根據照片進行分析，看看到底誰是對的。

於是，他們在賽馬場的四周架設了二十四台照相機，每台照相機的快門都用一條線連著，當馬將線絆斷的時候，照相機的快門就會自動按開。等照片洗出來後，他們將其依序排好，經過仔細的觀察，最後兩個人一致確定，馬在全速奔跑時，四隻馬蹄是完全離開地面的。

「順藤摸瓜」就會有創新

雖然兩個人的爭論最終達成了一致，但是兩個人都沒有因為這樣就感到滿足，他們運用順藤摸瓜的方法，繼續進行觀察和研究。後來，他們又將拍攝下來的照片等距離的鑲嵌在一個圓盤上，同時用一個圓圈反向旋轉，令兩個人感到吃驚的是，相片中的馬竟然真的「跑了起來」。經過他的進一步研究，不久之後，具有劃時代意義的電影放映機就誕生了。

在順藤摸瓜的方法中，很明顯運用了引申需求原理。所謂「引申需求原理」也就是說由一種需求所帶動而產生的另一種需求。這種引申需求會形成一條我們看不見的引申需求鏈，這也就是我們想要發明創造時用以順藤摸瓜的那條「藤」。

要想運用好順藤摸瓜的方法，關鍵在於要學會利用事物之間的利益關係和連鎖反應。下面我們來看看如何使用順藤摸瓜法。

身為人類首先是要吃飯的，所以自古以來就要大力發展農產品，也就會產生農業機械。再比如說，在早些年電冰箱很暢銷，於是有人便發明出輔助電冰箱使用功能和服務功能的產品，比如電冰箱的滾輪底座、電冰箱的除臭滅菌劑、電冰箱品質檢測儀等，其實這就是他們很好的運用了順藤摸瓜法。

現在的社會發展越來越快，資訊化的速度更是快得讓人們難以想像，如果我們能夠將某些有價值的社會資訊當成一條需求鏈，然後再順著這條鏈進行順藤摸瓜，相信你一定能夠能夠有所創新和收穫。

【小發明大創造】

味精的由來

一九〇八年的一天，日本東京帝國大學池田菊苗化學教授下班後回到家裡，像往常一樣吃著妻子準備的可口菜餚，剛吃了幾口，他停了下來想了一會兒，問妻子：「今天這碗湯怎麼這樣鮮美？」妻子告訴他煮湯的時候放了一些海帶和幾片黃瓜。他聽了以後就覺得海帶裡大有學問！之後，教授用了大約半年時間對海帶進行了詳細的分析，他發現海帶含有麩胺酸鈉，他試著提煉出這種物質，把它放在菜餚中，大大提高了菜餚的鮮味，便將其定名為「味精」。

【小故事妙思維】

示範

新兵在實彈射擊的訓練中，有個士兵由於沒有拿過槍，連發幾槍都脫了靶。教官一看，不禁怒火中燒，他上前奪過士兵的槍，厲聲道：「笨蛋，看我的。」

他舉槍、瞄準、射擊，動作瀟灑一氣呵成，但是子彈還是飛到了靶外。他又氣勢洶洶轉身向士兵吼道：「瞧，你就是這樣射擊的。」

提高數學思維的能力

一種科學只有成功的運用數學時，才算達到了真正完善的地步。數學是創新思維的量化工具。高科技的基礎是應用科學，而應用科學的基礎是數學。數學創新能力與我們的生活有著密切的關係。

二十一世紀是數位化、資訊化的時代，現代科學的發展趨勢之一就是數位化。所以，我們一定要具有數學思維的能力。

數學不僅使人變得精確，而且培養數學思維能力還可以提高創新思維的品質。偉大的科學家愛因斯坦就是一位善於運用數學規律開發創新思維的記憶大師。

愛因斯坦的一位朋友去看望他，並且告訴愛因斯坦說他的電話號碼是二四三六一。朋友覺得這個數字稀鬆平常的不好記，他擔心愛因斯坦記不住，就三番五次的囑咐愛因斯坦可不要忘記了。愛因斯坦笑著說：「這個數字太好記住了，二四三六一就是『兩打加十九的平方』。因為一打為十二，兩打等於二十四；而十九的平方等於三百六十一，兩者結合在一起恰好是二四三六一。」愛因斯坦用這種奇怪的方法毫不費力的把朋友電話號碼記住了。

其實在現實的生活中，有很多數字是必須記住的，而記數字的確是一件枯燥乏味的事情，人們總是為了必須記住一些單調枯燥的數字而苦惱。但是，從愛因斯坦別出心裁的記憶方法我們可以看出，善於運用數學知識、數學原理不僅能提高記憶效率，而且能增加記憶的樂趣，這種運用數學原理開發記憶潛能的方法，是一種確實可行的創新思維方法。

由於我們每個人的知識素養和科學思維、創新思維的不一致性，不少的科學大師都是依據科學知識的邏輯去推演出結論，這就需要花費大量的時間、人力、物力、財力去進行實驗和展示，從而讓別人能夠接受和認同，創新思維的效率往往因此而受到影響。

在自然科學中這種繁瑣的實驗所造成的浪費僅僅是時間和人力、物力、財力，而在市場競爭中，時間、速度都是效益，如果非要靠繁瑣的實驗才能形成思維共識的話，就會導致嚴重的後果。

創新思維與創新決策，是走向創新實踐的一條必經之路。它包括認識規律和在規律的基礎上制定原則。創新思維與決策之間的關係表現為：實踐、認識，再實踐、再認識的無限發展，創新思維效率的提高也以實驗思維與決策創新的互補性為前提。

在二十一世紀，決策僅靠個人思維能力的力量是遠遠不夠的，必須要善於集中集體的創新思維智慧才能有所突破。數學思維素養的提高，就可以幫助我們實現個人創造思維與群體創造思維的結合。

【小發明大創造】

溫度計的來歷

第一個驗溫器是由伽利略於一五九三年或一六〇三年製造的，他試圖透過這個儀器把抽象的冷熱感覺轉變為對物體熱度的客觀表述。

一七〇九年，世界上第一支實用的溫度計是由德國遷居荷蘭的儀器製造商華倫海特發明製造的，這是一種酒精溫度計。後來，法國物理學家阿蒙頓利用水銀改造了早期的溫度計後，他於一七一四年開始製造水銀溫度計。一七四二年，瑞典天文學家攝爾修斯提出了百分刻度的攝氏溫標，用水銀作測溫物質，水的沸點定為攝氏零度，冰的熔點定為攝氏一百度。三年後這個溫標由卡爾．林耐將其顛倒，並一直沿用至今。

【小故事妙思維】

文章簡潔的祕訣

美國作家海明威的作品素以精練、富有新意而著稱。有一次，有個記者向他請教文章簡練的祕訣，海明威直接了當回答說：「我站著寫作，而且用一隻腳站著。我用這種姿勢，可以讓我處於一種緊張狀態，迫使我盡可能簡短的表達我的意思。」

放棄固執，另闢蹊徑

我們在人生的每一個關鍵時刻，都要慎重的使用自己的智慧，作出最正確的判斷，選擇正確的方向，同時別忘記要及時檢查選擇的角度並適時調整。我們要放棄無謂的固執，用開放的心胸冷靜的做出正確的選擇，因為只有你做出了準確無誤的選擇，這才是通往成功道路的捷徑。

諾貝爾獎獲得者萊納斯．鮑林曾經說：「一個好的研究者知道應該發揮哪些設想，而哪些想法自己應該放棄，否則，就會把大量的時間浪費在無謂的想像上面。」有些事情，你雖然很努力去做，但是你遲早會發現自己處於一個進退兩難的地步，你所走的研究路線也許會是一條死胡同。這個時候，最明智的辦法就是你應該抽身退出，轉而去研究別的專案，給自己更多成功的機會。

洛克斐勒年輕的時候，在美國某個石油公司工作，他當時沒有什麼學歷，而且也不會什麼技能，所以只好從事檢查石油罐的蓋子有沒有焊接好那種連小孩都會做的工作。他每天要幾百次的用眼睛盯著這些石油罐，沒做幾天，他就感到厭煩了，有了想改行的想法。但是他又沒有什麼一技之長，所以想找到一份好的工作很難。他只好靜下心來，仔細觀察，在自己的這個工作中尋找實現興趣的突破口。

有一天，他突然間想給自己一點動力，就給自己布置了一個思考任務：如果能將焊接劑減少一兩滴，是否能節省一點成本呢？於是，在此後的工作中他苦心鑽研，最終研發出了「三十七滴型」焊接機。但利用這種機器焊接出來的石油罐，偶爾會出現漏油的情況，這樣就沒有太大的實用價值。面對失敗，他並沒有氣餒，還是繼續研發，最終研發出「三十八滴型」焊接機，這個機器焊接出的石油罐非常完美。公司對他的發明也十分重視，並大量生產了這種機器，雖然只是節省了一滴焊接劑，但對一個大型的石油公司來說卻給公司帶來了每年五億美元的驚人利潤。

其實當你認清自己什麼都沒有的時候，實際上是對自己過去的否定，這只是第一步。而第二步就是要努力去發現自己有什麼，這第二步也就是要讓自己清晰的找到一個新的人生軌跡，這對於我們來說非常重要。

如果什麼都想遍了，還是沒有想出什麼名堂，那麼你就要學會反向思考，也就是要脫離原有的想像思路，從另外一個角度去思考。

不撞南牆不回頭，是說那種不滅的信念，不死的精神。如果你做了傻事，撞了南牆，把自己撞的一塌糊塗卻還是不回頭的話，那麼你就是一個無可救藥的人。生活中有不少聰明人沒有走出成功之路的原因，就是犯了這種撞了南牆不回頭的錯誤，也就是沒有走出直線思考的誤區。

有許多滿懷雄心壯志的人，他們的毅力是很堅定的，但是由於不去嘗試新事物，因此無法成功。所以請你相信自己，堅持自己的目標，不要猶豫不前，但也不能太過生硬不知變通。如果你確實感到此路不通的時候，那麼就果斷的去嘗試另一種方式吧。

【小發明大創造】

火炮的發明

最早的火箭出現在中國，在中國古籍的記載中，西元一一二八年南宋政權建立之後，南宋、金和蒙古頻繁交戰，各方都使用了火器。一一六一年十一月，金國侵略中原時，南宋軍隊第一次使用了火炮武器——「霹靂炮」重挫金軍，這是人類歷史第一次在戰場上使用火炮武器。

【小故事妙思維】

釣魚

眾所周知，釣魚的人要少說話，少活動。

據說，有兩個釣魚的人坐船來到海上釣魚，整整四個小時都沒說一句話，也沒動一次。就在這時，其中一個人抬了一下腿。於是他的夥伴告訴他：「你聽著，過去的四個小時裡你已經抬了兩次腿。你到底是來釣魚還是來跳舞的？」

想像是創新思維的原動力

一個人如果沒有想像力，不論他多麼堅強、多麼敏銳，都不會取得成功。想像作為形象思維的一種基本方法，不僅能構想出未來的模樣，而且還能創造出未來的某些事物。所以，任何創新活動都不能離開想像。沒有想像力，一般的思維就難以昇華為創新思維，我們也就不可能做出創新。

當其他同齡孩子們在電話上嘰嘰喳喳的談笑她們最近遇到的一些新鮮事情的時候，十二歲的女孩蘿拉正在與市長通話，討論如何改變本市面貌的問題。

其實蘿拉在看了一九九〇年地球日的展覽後意識到，在她現在居住的城市——休士頓，沒有任何垃圾回收系統，她決定要改變這種情況。因為蘿拉想，要想讓家園不受到破壞，就必須回收各種垃圾。

最初蘿拉的嘗試一直碰壁，市政廳也根本不回電給她，接電話的人甚至還告訴她，讓她去找一個成人來打電話，他們認為蘿拉是一個未成年人，所以根本不把她的想法放在心上。後來她就寫信給市長，諮詢他是否能夠為本市修建垃圾回收系統，但是信寄出去以後卻如石沉大海。六個月後，蘿拉自己在休士頓附近的地區進行垃圾回收實驗，她希望透過自己的努力，能夠在自己實驗的這一地區實

想像是創新思維的原動力

行垃圾回收，於是她準備了一封有幾百人簽名的請願書寄給市政廳。得到的回覆是：「不可能，市長認為在全市範圍內進行垃圾回收的成本太高。」

但是蘿拉卻相信只要堅持做下去，就沒有做不成的事情。蘿拉說：「做任何事情都不可能那麼容易，你必須努力爭取，我的想法即使得不到任何人的支持，我都相信我能改變這一切。」

一九九一年春天，蘿拉的垃圾回收系統正式運行了。當天就有數百名居民將可回收的垃圾交到了回收站，幾個志願者開著拖車將垃圾堆在一起，並運往回收工廠。三個月的時間過去了，垃圾回收系統運行的非常成功。兩年以後，只需要一天時間，蘿拉發明的垃圾回收系統就可以將十七噸的垃圾原料進行處理。

垃圾回收系統運行了幾年的時間，休士頓的新任市長看到了這套系統的實用性和有效性，決定將這套系統在全市推廣使用。

垃圾回收看起來一件與小孩子，甚至對於某些大人來說都「無關緊要」的事情，卻在一個十二歲的小女孩心中引發了夢想，而且這個小女孩更是透過自己的努力讓夢想變成了現實。

想像就是我們通向創新的橋梁，在創新過程中，想像的一個重要作用就是產生一種假說，創新者可以根據想像出來的假說來確定方向，進行有目的、有計畫的探索。

而缺乏想像力的人，往往只看到視野範圍之內的事情，而對視野之外的事情在理解上面存在著障礙。總之，想像是創新的先驅，是智慧的翅膀。而想像力更是人類特有的財富，是一切創新活動最偉大的泉源，是人類進步的原動力。

【小發明大創造】

毛筆的來歷

據說，毛筆是秦朝大將蒙恬發明的。

一九五四年，長沙發掘出一座完整的戰國墳墓，裡面有一支毛筆。它的全身套在一支小竹管裡，桿長十八點五公分，直徑〇點四公分，毛長二點五公分，是用上好的兔毛製作的。但製作方法與現在的毛筆不同，並非將筆毛插在筆桿裡，而是將筆毛圍繞在桿的外端，然後用細絲線纏住，在外面塗漆，這是迄今為止發現的年代較早、保存最完整的一支毛筆。

【小故事妙思維】

寫作重於生命

美國作家辛克萊在耶魯大學念大四的時候，對著名教授羌賽．丁格說：「我這一生最想做的工作是寫作。」教授對他說：「那麼你會餓肚子。」辛克萊說：「只要我能寫作，我不管肚子餓不餓。」丁格教授說：「哦，那麼你會成功。」

別讓腦袋成為擺設

我們觀察事物，都是從某個觀點出發，而形成對這個事物的概念或者印象。改變觀察的觀點，將會帶來新的看法，賦予事物新的意義，在這種新意義中就隱藏著成功的機會。

蘇東坡到杭州去任地方官的時候，西湖由於長年累月的泥沙淤積，碧波蕩漾的西湖已經成為了「大泥坑」，往昔波光瀲灩的西湖風景早已經名不副實了。

蘇東坡為此心情很難過，隨後他多次巡視西湖，反覆思考如何加以清除淤泥，使往日風光秀美的西湖能夠再現迷人的風采。

幾次巡視以後他發現，最棘手的問題就是從湖裡清除的大量淤泥沒有地方存放。有一天，他忽然想到，西湖有三十里長，要環繞西湖走一圈，恐怕一天也走不完。如果把湖裡挖上來的淤泥堆成一條貫通南北的長堤，這樣既可以清除淤泥，又方便了遊人。這難道不是一個好的辦法嗎？他隨後又想到，挖掉了淤泥築堤之後，可以招募附近的農民來此種地，這樣就會有農作物，反過來又可以作為治理西湖的資金。這麼一來清理西湖既有了錢，挖出來的淤泥又有了存放之處，而且還可以增加附近農民的收益。

我們不得不佩服蘇大學士運用豐富的聯想解決問題的能力。

聯想在創造性思考中具有開拓思路和啟迪思維的重要作用。借助聯想，人們可以突破感官的限制，擴大感知領域，把以前認識過的事物與所要創造的新事物互相聯繫，使認識變得更加豐富，如果沒有聯想，人們只能就事論事，那麼認識的範圍就會極其有限。

輪胎的發明者是英國一位名叫登祿普的醫生。一天，他看到兒子在卵石路上面騎腳踏車，車身顛簸得很厲害，所以他很為兒子擔心。當時腳踏車的輪胎都是實心的，人在不平的路上騎車，常被顛得全身疼痛，腳踏車被人們戲稱為「震骨器」。一天，登祿普在院內澆花，感到手裡的橡膠管很有彈性，他就立刻聯想到了腳踏車輪胎，於是他用橡膠水管製作出了第一個充氣輪胎。

我們不要把腦筋急轉彎想得太複雜或者很困難。人在很多的時候都在自縛手腳，實際上清新、簡單的好主意同樣能帶來意想不到的效果。想像力是每個人自己的財富，是我們在這個世界上唯一能夠絕對控制的東西。樂觀的看問題，學會適時巧妙的轉彎，這樣你就能夠成為一個天才。

有時候將自己的思考模式或者方向巧妙的轉個彎，的確可以看到更開闊的壯麗美景。你是否已經開始願意改變原有的某些想法來接受一些清新簡單的好主意，讓你的心靈、人生獲得意想不到的成功呢？

在現代科學技術發達的今天，一方面分工越來越細，出現了許多分支學科；另一方面，科學整合化的趨勢越來越強，在科學的這種既分又合的情況下，聯想的能力顯得更加重要。

【小發明大創造】

石灰的發明

大約在西元前三〇〇〇年到二〇〇〇年間，古埃及人開始採用煆石膏作建築膠凝材料，埃及古金字塔的建造中就使用了煆石膏。西元前三〇年，埃及併入羅馬帝國的版圖之前，古埃及人都是使用煆石膏來砌築建築物。

西元前一四六年，羅馬帝國吞併希臘，同時繼承了希臘人生產和使用石灰的傳統。羅馬人使用石灰的方法是先將石灰用口水溶解，接著與沙子混合成砂漿，然後用此砂漿砌築建築物。採用石灰砂漿的古羅馬建築，其中有些非常的堅固，甚至保留到了現在。

【小故事妙思維】

安靜的方法

開班會的時候，同學們七嘴八舌，非常吵鬧。這時，班主任說：「各位同學，現在我們來做個臉部運動，請大家把嘴張成O型。」同學們很合作的做著動作，整個教室頓時鴉雀無聲，老師接著說：「根據我多年的經驗，要讓學生馬上由吵鬧變安靜，這是最有效的辦法。」

間歇法獲取直覺

阿基米德經過一段時間的思考，試圖找到一種辨別皇冠是否摻假的方法，他日夜沉思、絞盡腦汁都沒有找到合適的方法，有一天，當他進入裝滿水的浴缸準備洗澡，看到水從浴缸溢出來的瞬間，他突然靈光乍現：「我知道了！」就這樣他發現了浮力原理。他的這種突然間找到解答的現象就是直覺，有時也稱之為「頓悟」。

很多的科學發現和技術發明都離不開科學家、發明家們的直覺。可以說，直覺與創造力有著直接的關係，所以有人把直覺也稱作是一種思維形式，是創造性思維的一種高級表現形態。因為直接產生的東西往往表現出高度的創造性。直覺的降臨是每一個進行創造性活動的人所渴望的東西。

那麼，如何產生直覺呢？如何利用直覺思維幫助我們進行創造性思考呢？

有人認為：「阿基米德就靠了一時的直覺，得出了阿基米德浮體原理。」這種說法顯然是錯誤的。戲劇理論大師史坦尼斯拉夫斯基說過：「絕不要為直覺本身去思考直覺，不要直接去追求直覺。」直覺是偶然的，但又有其必然性。因為，直覺只降臨在有準備的頭腦裡。楊振寧教授這樣說過：「直覺當然不是憑空

間歇法獲取直覺

而來，往往是經過一番苦思冥想後而出現的『頓悟』現象。」

總之，直覺的產生，首先要有一個迫切需要解決的問題，思考者又經過了較長時間堅持努力的探索，使認識問題越來越深入，解決問題條件也日漸具備。在這種前提下，思考者在從事其他活動過程中，由於某個事物的出現，潛意識的聯想和想像受到它的啟發，導致問題的解決。

對於直覺產生過程和原理的分析，我們看到，直覺和靈感的降臨雖然看起來有很大的偶然性，但又有其必然性，必然性是說我們要有「有準備的頭腦」，沒有「有準備的頭腦」，偶然是不會發生的。為此，我們可以利用以下介紹的間歇法幫助我們更好的獲得直覺，把偶然的直覺變成必然的直覺。

間歇法就是先確定一個問題，對問題進行一段時間密集、熱烈的思考，當然一方面要熟悉問題的內容；另一方面要努力尋求解決問題的方法，使頭腦牢記我們所要解決的問題，並懷著對解決問題的強烈渴求，達到充分熟悉問題內容和強烈渴望解決問題的心理狀態，然後，便不再有意識的思考如何解決問題，把問題擱置起來，去做其他的事情或休息。

歸納起來間歇法可由如下步驟組成：

第一，確定問題；

第二，對問題進行密集、熱烈的思考；

第三，強烈渴望解決問題；

第四，擱置問題，進行其他活動。

間歇法既是幫助我們利用直覺思維的創造性解決問題的方法，也是直覺思維的輔助訓練方法。當應用間歇法到了擱置問題的第四個步驟時，如果進行其他活動一段時間後並沒有出現直覺，這時，可以再一次對問題進行密集、熱烈的思考，然後再擱置問題，進行其他活動。如此循環下去，直到問題的解決。當然，再一次的循環，並不是對以前的簡單重複，而是對問題的更深入去做認識。

同時，由於上一次密集、熱烈思考後頭腦的極度疲勞已經消除，思維飽和狀態已不復存在，再加上擱置問題，進行其他活動的時候，也獲得了許多新的資訊，因此新一次的密集、熱烈的思考能夠拋開舊的資訊關聯、舊的思考問題的方向和角度，以新的形式重新組合新舊資訊，以新的角度、新的方向重新思考問題，從而獲得對問題的更深入認識。有可能在再次密集、熱烈的思考過程中得到問題的答案。所以，作為複雜形式的間歇法其實是一個循環的過程。

問歇法獲取直覺

【小發明大創造】

香菸的來歷

根據考古學家研究，早在西元前一八〇〇至二〇〇〇年時就有人類抽菸的記載。一四九二年哥倫布的兩個船員傑雷茲和托瑞斯發現古巴土人點燃乾菸草並吸食其冒出來的煙，傑雷茲試著吸了起來，他成為歐洲第一個抽菸者。

一五一八年，西班牙探險家發現阿茲特克人和瑪雅人用空蘆葦吸菸草，很快，這種抽菸方法就在西班牙流行開了，捲菸就這樣慢慢的流向世界。

【小故事妙思維】

獵人、獵狗和兔子的故事

獵狗準備捉住兔子，就在後面緊緊的追著，但追了很久也沒有追上。獵人看到這種情景，譏笑獵狗說：「你還沒有兔子跑得快。」獵狗回答說：「你有所不知，我們兩個跑得目的完全不同。我僅僅是為了一頓飯，而牠卻是為了自己的命。」

發現自己的夢思維

我們的人生就好像是一場無盡頭的夢，有的人在自我追求中將夢變成了現實，而有的人則永遠沉浸在夢中。

正常人的心理活動，是表意識和潛意識活動的有機結合物。夢是人的潛意識和表意識相互溝通的一種主要形式。

英國著名心理學家查理斯．萊格夫在《夢的真諦》一書中這樣坦言：「夢是想像在睡眠時的活動形式。做夢其實是一種自我談話和自我交流。它和清醒時的自我反省、自我安慰、自我陶醉非常相似，它和清醒時的沉思、回憶或預感等思維活動更加接近。」

夢思維實際上是人在清醒時的思維活動的延續，或者說是人腦延續到睡眠狀態的思維過程。從夢思維與潛思維的關係來看，夢思維是潛思維的一種非常特殊的形式。

一九八〇年，在中國引進的大型化肥設備中，其配套的水處理藥劑是鉬系水處理劑，由於鉬資源不多，所以需要改用其他物質作為處理藥劑。陸柱教授當時承擔了這項研究任務後，想用其他金屬代替鉬，但他連續幾天的苦思冥想都沒有結果。一天，他在辦公室裡，頭腦極度疲勞所以不知不覺就進入了睡眠狀態。他在夢中看到鉬分子動起來，拼命的往前跑，而金屬鎢則在後面緊緊的跟著。陸柱教授立即用手去抓，沒有抓住卻從夢中醒來，而「鎢系水處理劑」也因此研發成功了。

有關科學家對夢的研究所累積的資料和所取得的成果，以及大量的實例表明，夢思維有以下幾點作用：

第一，整理資訊。

人在有夢睡眠的狀態，腦電波的頻率加快，和人在清醒時的腦電波相似。於是科學家推測，有夢睡眠能對人在清醒時所接收的各種資訊起一種篩選整理的作用。它將某些資訊納入潛意識的範疇，某些在表意識中長期儲存，某些則是短期儲存。

第二，延續思考。

夢思維是人睡覺時的一種思維活動。以前，有一個美國人他想發明一種用來縫紉的機器，但是絞盡腦汁，也沒有想出辦法。他並沒有氣餒，繼續冥思苦想。一天夜裡，他夢見國王向他宣布一道命令，如果二十四小時內製造不出縫紉機器，就用長矛處死他。他看見長矛尖上有小洞，一下下的向自己刺來，刺完又拔出來，反覆很多次。他嚇出了一身冷汗，猛然驚醒。後來，他終於根據自己做的這個夢，研究出了上下移動縫紉機。

第三，糾正偏頗。

夢作為一種潛意識，對人的情緒能夠起到一種平衡、調節作用。這表現在人常常能在夢中注意到被忽視或者被低估問題的另一面，而這一面往往是不好的一面。比如你對一位異性一見鍾情，認為她身上到處都是優點，因此而不能控制自己的感情。但是睡醒後，立刻意識到：「不適合的地方還有很多，看來不能這樣。」夢境使你對問題重新做了一番審視，以防止和糾正自己的偏差。人們有時候總說：「一覺醒來就改變了主意。」其實說的就是這個意思。

第四，想像創新。

夢所進行的基本心理活動也是一種想像活動。夢思維在思維想像中也占有非常重要的地位，在夢中受到啟發，從而做出發明創造的例子不勝枚舉。

【小發明大創造】

微波爐的來歷

美國人史賓塞突然間萌生了一個發明微波爐的念頭。於是，他就開始進行研究，有一次，史賓塞在測試磁控管時，發現口袋中的巧克力棒融化了。還有一次，他將一個雞蛋放在磁控管附近，結果雞蛋受熱突然爆炸，濺了他一身。這更堅定了他覺得微波能使物體發熱的論點。

雷神公司受史賓塞實驗的啟發，決定和他一同研發能用微波熱量烹飪的爐子。幾個星期後，一台簡易的爐子製成了。一九四七年，雷神公司推出了第一台家用微波爐。

【小故事妙思維】

如釋重負

一位年輕人被牙痛折磨了幾天，終於下決心去找牙醫了。他戰戰兢兢的按了門鈴，護士說：「對不起，大夫不在家。」年輕人如釋重負的吐了口氣問：「您能否告訴我，下次他哪天不在家，我可以再來？」

培養發散性思考

有句話說得好：「思維有多寬廣，你的道路就會有多寬廣。」

小小的迴紋針有多少用途？如果有人說，迴紋針有一萬種用途，你會相信嗎？你會不會覺得這個人在說大話呢？

一九八三年的一次學會上，日本的創造學家村上信雄走上主席台，並拿出了一把迴紋針，同時提出了一個問題：這些迴紋針有多少用途？

有人說了三十種，有的人說有三百種。然後，村上放了一個幻燈片，證明有三百多種，大家為他熱烈鼓掌。這時台下有一個人遞上來一張條子，上面寫道：「我明天將發表一個觀點，證明這個迴紋針可以有無數種用途。」於是，第二天他就為此發表了一個演講，這個人就是許國泰。

他的方案是非常全面的，按照迴紋針最基本的功能開始進行分析，它的顏色、重量、形狀、質地、柔軟度等等一整套因素，把它們都一一分析了，列成了一個橫坐標和一個縱坐標，說明它在數學、物理、化學、語文、外語等各個方面的用途。

迴紋針的重量可以用來作為砝碼；作為一個金屬物，迴紋針可以和各種酸類及其他的化學物質產生許多種的反應；迴紋針可以彎曲成一到九的任意阿拉伯數字，以及加減乘除等各種數學符號；迴紋針還是金屬的，可以用來導電；在磁場中，迴紋針可以進行磁性反應。至於其他做成夾子、別針、項鍊等的就更不用說了。

許國泰的這場演講轟動了整個創造學會。通常人一想到迴紋針的用處，無非就是一些常見的，比如夾資料、別針這樣的功能，而迴紋針的一萬種用途意在開發人們的創新思維能力，衝破對自己的限制。只有當我們看到迴紋針有無數種用途存在的時候，這才是發散性思考的魅力所在。

發散性思考要求思維能夠從廣度和深度兩個方面去進行思考，發散出去，就像深夜中的一顆夜明珠發射出的光芒一樣，能夠從一個點向四面八方輻射出去。這個世界是為成功者準備的世界，當你有一個偉大的理想，想做一番事業的時候，一定要重新塑造自己，但是，令大多數人視若無睹的是，從小在無意識環境下形成的心理與行為，形成了一種頑固思想的慣性，習慣已經慢慢滲透到了我們的生理和心理，而環境給我們的壓力，也讓我們的做事習慣不斷的重複。

如果你能脫離平時的思維習慣，敢於向心理的惰性和思維習慣挑戰，像思考迴紋針有多少種用途一樣去思考你的人生，那麼你就會發現，你的發展道路很寬闊，你一定會從中找到你的成功點。

【小發明大創造】

電梯的發明者

一八五四年的伊萊沙．格雷夫斯．奧的斯，在人們眼裡只是一個事業不成功的四十歲機械師，在紐約市博覽會的那一天，他留著整齊的小鬍子，戴著高禮帽，站在一個平台上。那個平台由一根纏在驅動軸上的纜繩高高吊著，懸在參加的觀眾們的上方。突然，他下令砍斷纜繩，觀眾們屏住了呼吸。平台在落下幾英尺後又停住了。奧的斯脫下禮帽歡呼道：「完全安全，先生們，完全安全。」電梯就在這座城市裡誕生了。

【小故事妙思維】

無字天書

黃勃感冒了去看醫生，醫生經過一番診斷後，只在處方籤上打了一個大大的驚嘆號，讓他交給護士。老黃拿著處方籤子，一頭霧水，心裡很不踏實，心想：「感冒是個小毛病，怎麼醫生打了這麼大一個驚嘆號，難道我病得很嚴重。」他提心吊膽的將處方籤子交給護士，護士看後淡淡的說：「沒什麼事，打點滴。」

絕妙的加法思維

加法思維具有奇妙的聯想效果，就像畫龍點睛那神奇的一筆，雖然就那麼一小點，但原有的價值一下子就得到了提高，這種一加一的效果，是遠遠大於二的。

古老的阿拉伯世界流傳著一則充滿智慧的故事：有一位老人有十七隻駱駝，他寫了一份遺囑給他的三個兒子。根據遺囑，老大可以得到一半數量的駱駝，老二則可以得到三分之一，老三則是九分之一。

老者死後，兄弟三人準備分財產，可是十七隻駱駝是不能整除於二、三、九的，要想實現遺囑的分法，只能將其中兩隻駱駝分屍了才行，但是駱駝一旦死去就不值錢了，三個兄弟為了這個問題大傷腦筋，甚至互相吵了起來，最後他們實在沒有辦法了，就請族長來裁決。

族長瞭解了情況以後，笑眯眯的表示，為了讓你們之間能夠和睦相處，決定再送給你們一隻駱駝，這樣一共就有十八隻駱駝了。這樣的話，老大就得到九隻駱駝，老二、老三分別得到六隻和二隻。令人奇怪的是，三兄弟的駱駝加起來還是十七隻，族長添加的那一隻仍然回到了族長手中。

絕妙的加法思維

其實加法思維的本質就是擴大了思維的視角，比如增加可以參考的物件，或者提出一個問題，找到多種答案等。從實際的思維結果上看，數量的多，才能引出品質的好，因為數量越大，可讓我們選擇的餘地就越大，其中產生好創意的可能性也就越高，因為我們誰也不能保證，自己想出的點子，就一定是最好的。

從思維的本質上來看，由於它具有多種無窮的屬性，因而使得我們的思維廣度可以無窮的進行擴展，而永遠不可能達到一個盡頭。

我們掌握加法思維的關鍵就在於要有一般的思維模式，這樣才能找到解決問題的答案。有這樣一個故事：

在香港市場上，中國、泰國、澳洲的米都很不錯。中國的米香，泰國的米嫩，澳洲的的米軟。可以說三者是各有優勢，但是銷售量卻總是不慍不火。於是米商們都很發愁，思考著如何才能改變這樣的局面。

有一天，米商突發奇想，將三種大米混合起來。他先在自己的家中煮來試吃看看，沒想到味道特別好。於是他便試著自己「加工」出「三合米」，誰知道居然得到了市民廣泛的認同，贏得了一片好評。人們說，這種米不僅解決了三種米滯銷的問題，又兼有了三種米共同的優點。

三米合一，聽來多麼的簡單，卻耐人尋味。它的絕妙之處就在於共生共存，取長補短，由此我們不難想到雞尾酒、醫學上的複方藥等產品。

讓思維的視角不斷擴大，讓聯想在你的腦中自由的翱翔，有一天你也終會成為一名成功者。

【小發明大創造】

霓虹燈的發明

法國的物理學家喬爾朱．克羅德研發出世界上第一個霓虹燈。在一九一〇年二月三日的巴黎汽車展覽會上，世界上第一個霓虹燈公開亮相，當時車展會上用兩根長三點五公尺、直徑四十五毫米的霓虹燈作為照明用具，一位廣告商建議他說，如果用這種燈來做廣告，將會得到更好的利用，於是有了霓虹燈看板。

【小故事妙思維】

建議

西班牙首都馬德里準備成立動物保護協會，在籌備會議上，主席對大家說：「協會成立面臨的首要問題是經費不足，為了籌措資金，諸位有什麼可行的建議？」

在場的代表都低頭沉思，突然間一名代表說：「組織幾場鬥牛賽。」

崩解慣性思維

你不是缺少創意，只是靈感迷路了

第五章　擁有高創商的智慧

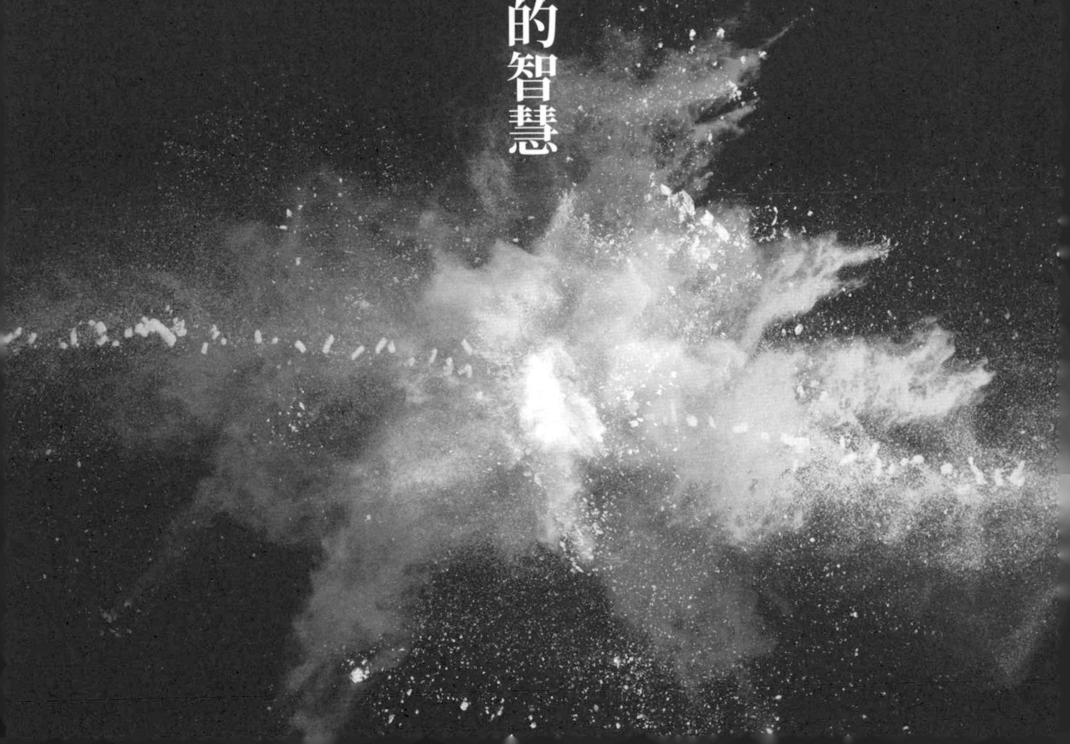

打造一個全新的「自我」

一個想要取得成功的人，就要正確對待自己所處的社會環境，這樣才能更好的把握住時代的脈搏，發展自我。

我們都知道，在學習環境、工作環境以及生活環境中都存在著各種各樣的壓力，我們只能學會適應這些壓力，準確的來說也就是要學會適應環境。

很多人對於工作都這樣想法，「此處不留人，自有留人處。」可是話雖這麼說，但是給別人的感覺卻是這個人的適應能力可能不好。一個人一生中換幾個工作不足為奇，可是要是在一年之內換好幾個工作，就只能說明你本身的適應能力太差。

很多人總是躊躇滿志，把自己看的過高，希望能夠在良好的工作職位上展示自己的才華，甚至還向公司提出這樣或者那樣的要求，其實我們仔細想想，這些都是本身不自信的表現。我們要知道自己的專長並不一定是公司所期待的專長，而公司往往更加注重擁有一專多能的人才，這樣他們才會給你更多的機會。所以，對於我們想找工作來說，過分的看重自己的專業是不可取的，關鍵還是要別人發現你的能力。

打造一個全新的「自我」

想要找到一個適合自己的人生目標，我們首先要敢於打造一個「全新的自我」，要找到一個適合自己的目標，不僅需要有廣博的知識、敏捷的思維和很強的判斷力，更要選擇恰當的職位和抓住成功的機遇。當然這裡面還需要其他的一系列條件，比如說要跟上時代的腳步，不斷給自己的大腦充電，提高自己的新知識新技能，還要消除自身的一些不良習慣等。這所有的因素都是我們實現自身理想的重要基礎，這就是為什麼有的人能夠不斷向成功靠近，而有的人卻總是遭受到挫折。

每個人的成長都離不開社會，但是我們又無法主動的去選擇，所以只能在一定的條件下學會適應社會，進而學會把握和利用機會。人都是在一定的條件下生活的，每個人的成長不僅取決於個人的主觀努力，更多的是在於自己的生存環境。

好的環境，比如優越的社會條件、良好的家庭薰陶、良好的文化教育以及安定的生活等，這些都對人的成長發展起了很大的促進作用。如果你以後想成為成功人士，就要正確對待自己所處的社會環境，只有這樣才能更好的把握時代脈搏，發展自己。

當今時代的科學技術迅猛發展，可以說每一天世界都發生著巨大的變化，而隨著社會的不斷的發展，各種專業的人才，特別是科技人才、管理人才所占的比重越來越大，高科技人才正在迅速增加，顯然，現代的科技發展對各種類型的人才素質和品質提出了新的要求。

所以我們一定不能滿足於現狀，應該要讓自己朝著更深的領域發展，這樣才能適應社會發展的需要。我們也只有不斷更新自己頭腦中的知識，才能跟上現代社會的步伐。所以我們一定要有創造力，打造一個全新的自我。

【小發明大創造】

塑膠袋的發明者舒施尼

一九〇二年十月二十四日，奧地利科學家馬克斯．舒施尼發明了塑膠袋，這種包裝物既輕便又結實，在當時的影響力就相當於經歷了一場科技革命，因為這使得人們外出不需要攜帶任何的東西，因為在商店、菜市場都備有免費的塑膠袋，購物時輕鬆許多。

【小故事妙思維】

牛的問題

一個從來沒有見過真正的牛的都市人有一天經過一個村莊，他看見了一頭沒有長角的牛，便問農民，這頭牛為什麼沒有長角？

農民說：「牛沒有長角的原因很多，有的因為遺傳所以沒有。有的是因為和別的牛打架而失去了角，有的是因為病脫落了。而這頭，牠沒有犄角，那是因為這是一頭驢。」

要有追根究底的精神

在社會上，「打破砂鍋問到底」的人有時候是很令人討厭的，但在學校裡，能向老師追根究底的學生，常常有可能成為社會上出類拔萃的人物。愛因斯坦曾說：「我沒有什麼特別的才能，不過喜歡追根究底的追究問題罷了。」

追根究底，其實是創新者的又一項重要的創新因素，是創造性思考的驅動器。

就拿知名的科技工作者荀文彬來說，他在查閱有關資料時發現，某工廠酸洗作業產線上的工人二十五年來沒有一人得過癌症，而其他產線和周圍工廠卻是癌症的高發區和多發區。「同一產線二十五年無癌症患者，這難道僅僅是偶然現象嗎？」富有探索精神的荀文彬決心追根究底，並直覺的感到只要找到問題的緣由，就會獲得發明創造的契機。

經過現場觀察和科學實驗後，荀文彬終於發現，這個產線的酸洗液裡有一種名叫「烷基苯磺酸鈉」的物質在起作用。在經過烘乾工序時，這種物質把烘乾器上的金屬物腐蝕後又溶進酸洗液中，當它滴在傳送帶上受到高達幾百度的溫度照射時，由各種元素合成的腐蝕物便發出一定量的電磁波，這就是這個產線的工人

要有追根究底的精神

身體強健的根本原因。

這種電磁波強身健體的原理又在哪裡呢？荀文彬繼續思考。他終於從電磁輻射生物學中找到了疑問的「根」和「底」。在此基礎上，他發明出具有消炎、止痛、改善微循環、促進新陳代謝、增強免疫機制和自我調節機能等多種功能的「特種電磁波熱設計功耗治療儀」。

這種治療儀對軟組織損傷、小兒肺炎、婦科疾病和高血壓等有很好的療效，曾被醫界譽為「神燈」，此項發明曾榮獲南斯拉夫國際博覽會獎。

追根究底，是為了弄清楚事物或事件發生的原因，為創新提供基礎。因此，追根究底其實更是一種因果分析的思考。

在解決一些新問題或疑難問題時，人們常常在模糊不清的狀態裡進行著思考。為什麼會發生這種問題呢？我們又該如何解決這一問題？它與創新又有什麼關係呢？其實這樣的思考的過程就是在追根究底。

歷史上許多發明家從小就喜歡問為什麼。據說孩提時代的愛迪生每天都喜歡纏著大人東問西問，對不明白的事情總要「打破砂鍋問到底」。有一次，他為了弄清雞蛋為什麼會變成小雞，還天真的將雞蛋抱在自己懷裡，一動不動的等著小雞出生。

追根究底，需要以強烈的好奇心去觀察和思考人世間和自然界的種種事物。社會和自然現象眾多複雜而且縱橫交錯，使人們不容易直接認識到其根底，大有「春來遍是桃花水，不辨仙源何處尋」之感。因此，追根究底，必須要在「刨」和「究」字上下功夫。

要想刨得深，究得準，最好是運用科學實驗方法。巴斯德曾說：「科學家一旦離開實驗室，就像戰場上繳了械的士兵。」通常，人們對簡單的問題，透過一定的觀察和思考就能找到原因。但是面對複雜的事情，光靠雙眼和大腦或許無能為力。而科學實驗，因為借助了科學儀器，可以人為的控制或模擬待研究的事物，因此能有效的幫助人們見微知著，剖析原因。從這裡也可以看出，追根究底不僅是一種創新精神，而且也是一種不可缺少的創新能力。

【小發明大創造】

泡麵的來歷

安藤百福是一個思想活躍、不安於現狀的人，一九五九年，他經營著自家的一間小食品作坊。他總在思考著如何將自家的買賣做好做大。因為安藤每天都要乘坐電車，注意到許多人在車站旁的飯館前排隊等著吃熱麵條。有一天他突然靈機一動：如果能生產一種「只用開水一沖就可以吃」的麵條，估計不論是居家或旅行者都會願意大量購買。於是，他開始了開發「泡麵」的研究。

經過長達三年的苦心鑽研，安藤百福終於研發成功了「雞絲麵」。

【小故事妙思維】

小錯和大錯

有人問馬克．吐溫，小錯誤和大錯誤有什麼區別。馬克．吐溫說：「假如一個人從餐館裡出來，把自己的雨傘留在那裡，而誤拿走了別人的雨傘，這叫小錯。但如果你拿走了別人的雨傘，也帶走了自己的雨傘，這就叫大錯。」

元素重組的智慧

幾種舊的東西可以連結、組合成新的東西。但是要說具有多少創意，就要看舊東西彼此的不相關性，還有新功能與舊東西的差異性有多大。

創造很少是無中生有的，大部分的創造其實都是來自於將舊東西拆解和重新組合，就好像有性生殖染色體的分離和重組一般。所以，大部分的創意思考也都具有這種連結、重組的色彩，我們可以稱之為「組合式思考」或者「組合式創意」。

組合式思考的產物有很多，比如深受女性喜愛的褲襪就是來自褲子和襪子的組合；而攜帶方便又快速的隨身包即溶咖啡，則是將咖啡、糖、奶精三合一而成。

雖然同樣是連結和重組，但像將褲子與襪子組合成褲襪，似乎不需要太大的創意，因為褲子與襪子原來就是同一類的，而且可以說相差並不大。但是將飛機跑道與輪船結合在一起的航空母艦，則需要較多的創意，因為兩者雖然都屬於交通工具，但是本來的關聯性不大，要將它們拼連成新東西就需要很多的研究和思考。

元素重組的智慧

其實由組合式思考所產生的新東西，所含創意的多寡不一，判斷的一個標準就是被組合在一起的舊東西，它們的差異性越大，產生的新功能與舊東西的差異性也越大，這樣當然就更有創意。

比如德國人古騰堡發明的西方第一部活字印刷機就是一個很好的例子，它產生於十五世紀，但是古騰堡的靈感並非來自中國的畢昇，而是來自榨酒機和打幣器。榨酒機是對一塊大面積上的葡萄施加壓力，榨出葡萄汁；而打幣機則是對一個小面積的銅板施加壓力，將圖像壓在上面。谷騰堡就是把榨酒機和打幣器這兩種完全不相干的東西組合起來，將一堆打幣器排在榨酒機上，榨酒機往下一壓，下面的白紙就會留下一個個的文字。這種新機器被人們堪稱為一種不簡單而極富創意的發明。

我們想要將兩種東西組合在一起，看起來是很簡單的事情，其實我們如果去翻翻歷史資料，就會發現它並不是想像中的那麼簡單。比如人類在很早就穿襪子和褲子，但是結合這兩者的褲襪卻推遲到一九五六年才出現，它的姍姍來遲可能是以前人們根本不需要褲襪，覺得褲子和襪子本就應該分開來穿。但是望遠鏡和顯微鏡的發明就讓人感到很驚訝，在理論上，將凹透鏡和凸透鏡連結在一起就可以做出望遠鏡，而將兩個凸透鏡連結在一起，就可以做出顯微鏡，可是我們使用凹透鏡和凸透鏡的歷史已經有很長的時間了，但是望遠鏡卻到十七世紀初才由荷蘭的一家眼鏡店老闆李普希所發明，而顯微鏡則到十七世紀中葉才由荷蘭的磨鏡人雷文霍克所發明，這兩種組合，表面上看起來非常容易，但是在那麼漫長的時間裡，卻沒有一個人想到要這麼做。

所以，我們一定要懂得元素的重組，在這個世界上，也許還有很多的組合沒有被發現，正在等待你的發掘。

【小發明大創造】

玩具氣球的發明

最早的氣球是人們用豬的膀胱做成的，後來人們學會用類似做雨鞋的橡膠製作，但用這些材料做成的玩具氣球性能不強，主要原因是這些材料的延展性不好。現代的玩具氣球最早出現在英國，這種全新的氣球製作方法才誕生了不過八十多年，它是英國的化學工程師於一九三三年發明的，這就是現在我們常見的可延展、能吹大的氣球。

【小故事妙思維】

耳冷眼熱

古時候有個叫王文成的人，有一天被朝廷封了爵位，同僚中有個人很眼紅。有一次，王文成上朝時，戴了一頂兩邊有垂帛遮住耳朵的帽子。那個同僚看見了，笑話他說：「先生耳朵冷嗎？」王文成回答說：「我不耳冷，先生眼熱。」

答案其實有很多種

每一個問題都會有一個現成，而且稱得上完美的答案。而每一個創造者，都是自己動腦思考，在現成的答案之外，找出的另一個新答案的人。

每個人在上學的時候，都遇到過這樣的問題：「如何利用氣壓計測量一棟大樓的高度？」而幾乎每一個刻苦學習的學生都是這樣回答的：「用氣壓計測量地面與樓頂的大氣壓力，然後用這個大氣壓力差就可以計算出大樓的高度。」我們發現這個答案是多麼的漂亮，而且這也正是參考書裡面所介紹的正確答案。

可是在物理學界卻流傳著這樣一則故事：有一年，有一個學生對上面的問題是這樣回答的：「可以先帶著氣壓計到大樓頂上，並且在氣壓計上面繫上一根繩子，然後緩慢的放下來，等到氣壓計觸及地面的時候，再把氣壓計拉上來，繩子的長度也就是大樓的高度。」雖然這樣也能測出大樓的高度，但是老師卻給了他零分。這位同學心裡很不服氣，最後師生決定請一位物理大師來判斷誰對誰錯。大師對這個學生說，這是一道物理題，答案裡面一定要包含某些物理知識，然後給了他十分鐘時間作答。過了九分鐘了，紙上還是一片空白，大師問他是否打算放棄，可是這位學生卻說：「答案有很多種，我只是在想哪一個答案更好。」然

答案其實有很多種

後他開始奮筆疾書，在最後一分鐘完成了答卷。他所寫的答案是：「帶著氣壓計到大樓頂，彎身鬆手讓氣壓計落下，同時用碼錶測量氣壓計掉在地面上所用的時間，大樓高度等於二分之一乘以重力加速度乘以時間的平方。」這個答案也是完全正確的，而且在計算的過程中也利用到了物理公式，老師只好給他了滿分。

在私下裡，物理大師找到這位同學，問他還有其他什麼辦法。結果這位學生一口氣說出來了五個答案：第一，帶著氣壓計爬樓梯，並且沿著牆壁以氣壓計的高度為單位做出標記，一直標記到樓下，看看一共有幾個標記，再乘以氣壓計的高度，這就是大樓的高度；第二，在天氣晴朗的時候，先測量氣壓計的長度，還有它的陰影長度、大樓陰影的長度，然後就可以利用比例算出大樓的高度；第三，把氣壓計懸吊在彈簧的末端，測量地面的重力值和大樓頂的重力值，從兩個值的差異也可以算出大樓的高度；第四，在氣壓計上面綁上長繩，讓氣壓計垂直接近地面，像鐘擺一樣擺動，從擺差就可以算出大樓的高度；第五個方法也是最實際的方法，就是去敲大樓管理員的門，詢問大樓的高度。

大師聽後感到很震驚，問道：「你難道不知道利用地面與樓頂大氣壓力差來計算大樓高度這種標準的計算方法嗎？」學生回答說：「我當然知道，但是這些答案也是我動腦筋思考出來的，而且也可以算出大樓的高度。」

那位擔任判斷對錯的大師就是一九〇八年的諾貝爾獎獲得者拉塞福，而這位學生就是一九二二年諾貝爾獎得主尼爾斯．波耳，他被人們公認為是物理學界的奇葩。

其實這個故事就是在告訴我們，每一個問題都不只有一個簡單的答案，只要我們有創新意識，敢於發揮創意，我們就能獲得更多的答案。

【小發明大創造】

發電機的來歷

一八三一年，法拉第將一個封閉電路中的導線通過電磁場，導線轉動有電流流過電線，法拉第因此瞭解到電和磁場之間有某種緊密的關聯，他設計出了第一座發電機原型。

就在法拉第發現電磁感應原理的第二年，受法拉第發現的啟示，法國人畢克西應用電磁感應原理製成了最初的發電機。

答案其實有很多種

【小故事妙思維】

貴國產品

一位日本旅遊者到孟買旅遊時乘坐計程車，剛一上車他就對司機說：「你們這裡的公車太慢了，比日本的慢多了。」司機沒說什麼。車走了一會兒，旅遊者又說「你們這裡的計程車走得也太慢了，比日本的走得慢多了。」不一會兒，到了目的地，日本人看了一下計費表，大叫：「你們的計費表走得太快。」計程車司機說：「是的，因為它是貴國產品。」

潛能改變人生

在生活中遇到挫折和失敗等不如意的事情時，許多人習慣抱怨社會不公和命運不佳，結果在他的周圍，其實每時每刻都在誕生成功的人、快樂的人，他卻對此視而不見。

古往今來有成就的人，他們都是在改造自己中尋找成功的方法。美國曾經對四十一萬個百萬富翁做過調查，百分之九十八以上的百萬富翁，年齡超過五十歲，他們的財富都是連續二、三十年裡每週七天埋頭於自己的工作而獲得的。每週工作七天，意味著天天都在努力，從沒有放鬆、放任、放縱自己。再看看一事無成的人，又有哪一個不是在怨天尤人中尋找失敗的藉口呢？

生活中，那些成功、快樂的人，都有一個共同點：做一行愛一行，發揮自己的潛能。因為他們堅信：辦法總比困難多，自己一定有可以開發的潛能。生活中的失敗者，則是做一行怨一行，認為倒楣的事總讓自己遇上，抱怨命運不好，抱怨社會不公，根本不知道自己的潛能有多少。

少抱怨他人和社會，多反省和改造自己，充分發揮自己的潛能，這才是人生的真諦。

潛能改變人生

被解僱女工王兆蘭的故事，進一步印證了這一個真理。

王兆蘭被解僱之前原是一家紡織工廠的擋車工，當她失去這份工作的時候，就又找了一份在飯店當清潔人員的工作。她沒有覺得當清潔員有什麼不好的，她對自己要求非常高。清潔工作人員每天八小時工作時間內要不停的擦拭、清掃。一天下來，渾身筋骨酸痛，疲憊不堪，連飯都吃不進去，就想上床好好的睡上一覺。沒過多久，和她一起來的幾個姐妹都先後辭職，因為她們受不了那種辛苦。

親朋好友們也都勸王兆蘭別做了。王兆蘭覺得自己作為一名被資遣女工，沒有其他技能，可供選擇的工作機會不多，做一行就要愛一行，做一行就要把它做好。由於她工作認真，得到上司和客人的認可，後來一個特殊的機會，她被調到商品部當銷售員。為了能夠勝任新的工作，她抓緊時間學習各種相關知識，並熱心對待每一位顧客，銷售額逐月上升。

可是，正在王兆蘭工作漸入佳境的時候，她工作的場所要停業裝修半年，她再次失業了。在待業的日子裡，她看到一家茶館招聘服務員的廣告。但招聘的條件很高，年齡要求十八到二十五歲，要懂英語，還要瞭解中國茶文化。王兆蘭前去抱著試試看的心理前去面試，經過一段時間的交談，她極力陳述自己年齡大的優勢和好處。最後，老闆帶著疑慮錄取了她。

為了學會泡茶，她不停的練習，手上燙出了許多大水泡；為了分辨不同的茶葉性狀、品質和口味，她反覆試泡試喝，有時喝得心悸、睡不著覺。有的客人來了一次，第二次不來了的話，她就反思自己哪一點沒有做好。很快，她掌握了茶葉和茶藝的基本知識，學會了一套推銷茶葉的技巧，到職兩個月就被老闆提升為店長。

在茶葉店的兩年時間，她不斷的以提升自己為出發點。王兆蘭參加了第四次茶文化展和第六屆國際茶會。她的「八仙茶」獲得此次茶會茶藝表演的一等獎。幾年後，王兆蘭與人合夥開辦了聚福隆茶莊，她由一名將近不惑之年的失業女工，本著「少抱怨他人和社會，多改造自己，充分發揮自己潛能」的人生理念，終於成為招收失業女工的企業老闆。

孫中山說：「人生以付出為目的。」當一個人的心態真正能做到「天下為公」時，就會體驗到一種精神高度愉悅，進而產生一種無愧於世人或自己的內心快樂感覺，也就開始了你為社會創造財富的旅程，你也就會成為一個在創造中受到社會尊重和認可的人，你就是一個成功的人。

【小發明大創造】

郵件的發明人雷．湯姆林森

在一九七一年秋季之前，也就是電子郵件誕生之前，已經有一種可傳輸文件的電腦程式。博爾特．貝拉尼克．紐曼研究公司的重要工程師湯姆林森對已有的傳輸文件程式以及資訊程式進行研究，研發出一套新程式，它可透過電腦網路發送和接收資訊，再也沒有了以前的種種限制。

為了讓人們都擁有易識別的電子郵箱位址，湯姆林森決定採用@符號，符號前面加用戶名，後面加用戶郵箱所在的地址。電子郵件由此誕生。

【小故事妙思維】

有來有往

蕭伯納寫了一個新劇本準備在一家大劇院演出，他特意發電邀請邱吉爾看戲：「今特為閣下預留戲票數張，敬請光臨指教，並歡迎你帶友人來，如果你還有朋友的話。」邱吉爾立刻回電：「敝人因故不能參加首場公演，擬參加第二場演出，如果你的劇本能公演兩場的話。」

笑對挫折，體會快樂人生

生活如同一面鏡子，你對它笑的時候，它就會對你微笑；你如果對它哭泣，那麼它還給你的也必定是一張哭泣的臉。用什麼樣的心態去面對生活，就會對我們的生活產生什麼樣的影響。因此，學會樂觀的看待挫折，每天給自己一個笑臉，才能避免因逆境和挫折而給自己帶來負面情緒的影響。

英國首相邱吉爾曾經這樣描述他眼中的杜魯門總統：「這個被一些極端重要的問題包圍的杜魯門，行為舉止中透露出一種愉快和精明，一種才華橫溢……我感到他是一個具有非凡性格和能力的人……他十分自信。」

的確，杜魯門總統在生活中是一個性格十分開朗的人。他總是充滿了自信，不論做什麼事情，都會用盡全力。但是，一旦碰到自己用盡全力也做不好的事情，杜魯門總統也從來不會勉強自己，即便該事情產生了令人遺憾的後果，他也不會再為其發愁。

他一直堅持「我從來沒有倒楣過」的信念，臉上常有的微笑和幽默感幫他度過了無數難關。在一九四八年總統大選的時候，當時民主黨的人全都情緒低落，唯獨杜魯門是一副若無其事的樣子。正是他這種在面對挫折的時候總能泰然處之的態度，在不利的情況下也能讓自己呈現出樂觀進取的心態，最終才促使他最後獲得成功。

若想像杜魯門一樣樂觀的對待挫折，我們需要做到：

第一，及時發現自己的優點。

發現自己的優點，可以使你覺得自己並沒有原先所想的那麼差勁。當你專門花一段時間去記錄自己優點的時候，就會把情緒專注於本身的能力之上，從而會在曾經輝煌的激勵下，勇敢的去面對眼前的困境，找到合適的解決之道。

第二，從榜樣人物身上尋找信心。

每個人都有自己崇拜的人物。在遇到挫折的時候，我們應該把眼光放到那些優秀的人物身上。不論其是名人還是你身邊的朋友或者家人，每個人都有自己與眾不同的優點，也一定都有著各自的困難。我們要觀察他們是怎麼樣從困境中一步步的走出來，最終達到成功的頂峰。人在挫折面前不能只是一味的抱怨，而是應該想方設法的去尋找解決問題的辦法，並在尋找過程中不斷提高自己的逆商。這些解決的方法常常就在你心目中的榜樣人物身上。

第三，做最適合自己的事情。

每個人都會遇到挫折，並不是所有的挫折都是我們能夠克服的。因此，要正確對待逆境，就首先需要我們肯定自身的能力。明白自己會什麼、不會什麼，而不是不懂裝懂，更不會因為一件事情的失敗而覺得自己一事無成。做最適合自己的事情，做好自己能力範圍之內的事情，然後再去尋求能力上的突破。

第四，釋放自己的負面情緒。

在失敗的時候，要學會釋放自己的負面情緒，才能給積極、樂觀的心態留出足夠的空間。我們可以嘗試下列方法：

一、找一個假設的宣洩物件

你可以把某一個物體當成是你假設的宣洩物件，從而把自己的負面情緒全都發洩到其身上。

需要注意，這種方法雖然可以發洩我們本身的負面情緒，但是要建立在不損害財物的前提之上。你可以購買一個沙袋或者用棉被當成出氣包，這可以在保證我們的身體不受到傷害的前提下，釋放情緒。

二、尋找可以傾訴的人

每個人在遇到逆境的時候都會覺得心裡面委屈，找一個知心朋友，把自己的委屈向其訴說。一方面，傾訴之後，你的心裡面就會感覺好受一點；另一方面，對方還會及時阻止我們產生偏激的念頭，並且為我們當下的處境提供建議與幫助，以便我們早日走出逆境。

學會樂觀對待挫折，才能讓自己隨時都保持理智，才能尋找到走出逆境的方向，最終促使自己戰勝眼前的挫折，走向成功。

【小發明大創造】

吊橋的創造

西元前三世紀，中國人李冰在四川省灌縣修建安瀾橋，這是世界最早修建的竹纜鏈橋。總長為三百二十公尺，有八個孔，整個結構中沒有一塊金屬材料。此吊橋上鋪了板便於人們行走。這種用竹子做的索橋是極有效的，整個纜索是以竹子為內芯，外邊包著從竹子外層劈下的竹條編成的「辮子」。編成辮子是因為這樣能讓竹條得以把內芯纏得很緊，纏得越緊纜索的強度就越大，從而增加了安全度。

西方的第一座吊橋，即溫奇橋。建成於西元一七四一年，它只有纜索而沒有橋面可供車輛通行。由於歐洲人於一八〇九年才建成第一座可以通行車輛的吊橋，因此在這方面中國人比西方要領先一千八百年以上。

【小故事妙思維】

論政治家

有位秀才第三次進京趕考，住在一個經常住的客棧裡。考試前一天他做了三個夢，第一個夢是夢到自己在牆上種白菜，第二個夢是下雨天，他戴了斗笠還打傘，第三個夢是夢到跟心愛的表妹躺在一起，但是背靠著背。秀才覺得這三個夢似乎有些深意，第二天就趕緊去找算命的解夢。算命的一聽，連拍大腿說：「你還是回家吧。你想想，高牆上種菜不是白費力嗎？戴斗笠打雨傘不是多此一舉嗎？跟表妹躺在一張床上了，卻背靠背，不是沒戲嗎？」秀才聽後，心灰意冷，回店收拾包袱準備回家。

店老闆非常奇怪，問：「不是明天才考試嗎，今天你怎麼就要回鄉了？」秀才將算命的話說了一番，店老闆樂了：「我也會解夢的。我倒覺得你這次一定要留下來。你想想，牆上種菜不是高種嗎？戴斗笠打傘不是說明你這次有備無患嗎？跟你表妹背靠背躺在床上，不是說明你翻身的時候就要到了嗎？」秀才一聽，覺得更有道理，於是精神振奮的參加考試，居然中了個探花。

寬容別人，快樂自己

常言道：「送人玫瑰，手有餘香。」給別人一份寬容，也就是善待自己。寬容的人博大而睿智，能包容人世間的傷痛和不幸，也能創造世間的幸福和快樂；寬容是一種境界，擁有寬容特質的人，就會渾身散發出一種迷人的光環。

法國十九世紀偉大的文學大師雨果說：「世界上最寬闊的是海洋，比海洋寬闊的是天空，比天空更寬闊的是人的胸懷。」在生活中學會寬容，你便能明白很多道理。

「處處綠楊堪繫馬，家家有路到長安。」人生於世，實在是一種莫大的機緣，所以沒必要太執著於什麼東西，要活得瀟灑，就要學會寬容，寬容就是瀟灑。寬厚的對待別人，客觀的看待是非成敗，是學習取得成功，生活得到幸福的訣竅。試想一下，那些任何事情都吹毛求疵、斤斤計較的人，不但自己患得患失，也容易傷害別人，生活就顯得很累。

世間所有的一切，都是一大堆矛盾的組合體，任何人或事都不會盡善盡美。無論是「患難之交」、「親朋好友」，還是「金玉良緣」，都是相對而言的。有時候我們的矛盾、苦惱常被掩飾在一種耀眼的光環下，而掩蓋的工具恰恰是寬容。不必羨慕別人，也不要苛求自己，常用寬容的眼光看待周遭，學習、事業、家庭和友誼才能更上層樓，穩固長久。寬容的人似乎總是多了一種洞察一切的能力。

「小不忍，致大災」；「忍一時之氣，免百日之憂」。古往今來，人世間許許多多的悲慘事、遺憾事，許許多多的爭鬥都是因為人與人之間逞強鬥狠，不能相互寬容而發生的。

有一個老禪師夜晚出房門巡夜時，發現牆腳邊有一把椅子，他一看就知道有小和尚違背寺規私自溜出去了。老禪師假裝沒有看見，走到牆邊，移開椅子，就地蹲在那裡。過了一會兒，一個小和尚在黑暗中踩著老禪師的背跳進了院子。當他雙腳著地時，驚覺剛才踏的不是原來放的那把椅子，而是自己的師父。小和尚頓時驚慌失措、瞠目結舌。出乎意料的是師父並沒有厲聲責備他，只是很關懷的說：「夜深天涼，多穿件衣服，別凍著。」聽了師父的話，小和尚很慚愧，他捫心自問，決心改過自新，以後再沒有犯過類似的錯誤。小和尚沒因所犯的錯誤受到嚴厲的懲罰，卻被老禪師的寬容態度感動了。

一個人的胸懷能容下多少人，就能贏得多少人的尊重和喜愛。

生活中，常常會發現這樣的事情：有的同學總在抱怨沒有朋友，總在抱怨別人對自己不友好。其實，你有沒有想到，如果你以一顆寬容博愛的心去對待別人，是否會有意想不到的收穫呢？善待別人，就是善待自己。就如一本書上說的，我們的心如同一個容器，當愛越來越多的時候，煩惱就會被擠出去。我們學會了讓他人快樂就是讓自己快樂，學會了善待他人就是善待自己。

把自己的聰明才智，用在有價值的事情上面。集中自己的智力，去進行有益的思考；集中自己的體力，去進行有益的工作和學習。不要事事、時時、處處總是唯我獨尊、固執己見。在非原則的問題和無關乎大局的事情上，善於溝通和理解，善於體諒和包涵，善於妥協和讓步，既有助於保持心境的安寧與平靜，也有利於人際關係的和諧和社會環境的穩定。

寬容能讓人與人之間和諧相處，寬容還能讓人與人之間產生巨大的凝聚力。要做到寬容，首先就要學會「海納百川」，只有像大海那樣百川並蓄，才能容得下驚天的濤浪，這樣也就很容易能寬容別人，使自己得到快樂。

【小發明大創造】

電視的誕生

二十世紀初期，當通訊和廣播運用無線電技術後，人們渴望這有一種能讓他們看到「現場實況」的電器。

一九〇六年，十八歲的英國青年貝爾德想攻克這個難題，雖然年輕的貝爾德躊躇滿志，但是他家境貧寒，沒有多餘的錢來購置研究器材。不過這些困難沒有攔住貝爾德的雄心，他把一個臉盆和一個從舊貨攤找來的茶葉箱連在一起當做實驗的基礎設備。在箱子上安放著一台舊馬達，用於驅動「掃描圓盤」。他又在掃描圓盤四周戳著密密麻麻的小孔，這樣能把場景分成許多明暗程度不同的小光點發射出去，而這個所謂的掃描圓盤是用馬糞紙做成的。就這樣，一台最原始的、只值幾英鎊的電視機便問世了。

【小故事妙思維】

論政治家

一天，有記者採訪英國首相邱吉爾的時候問邱吉爾，做個政治家要有什麼特殊的條件，邱吉爾回答說：「政治家要能準確預言明天、下個月、下一年甚至更遠的將來會發生的一些事。」那個人又問：「假如到時候預言的事情沒有實現，怎麼辦？」邱吉爾說：「那就要再說出一個理由來。」

認識自己，放下自己，得到更多

古希臘的先哲曾經對世人說：「認識你自己。」這一句簡單的話，要真正做起來卻並不容易。在現實生活中，我們中的很多人總是過高的提升自我的價值，也有很多人總是極大程度的貶低自我。想要正確的認識自己，我們首先需要做的一點就是否定自己。把自己過去的輝煌和成敗全都拋棄，真正做到「輕裝上陣」，才能在和困難的鬥爭之中不背上思想的包袱。

一位考古學家聽說某個地方有一些古帝國文明的遺跡，便跋山涉水來到那個地方。

到了那個地方，他找到了幾個當地的土著給他做嚮導，並且幫他搬運器材和行李，一行人浩浩蕩蕩的朝著叢林的深處進發。

那些土著儘管背負笨重的行李和器材，但他們一路上一直都是健步如飛，腳力非常驚人。在整個隊伍的行進過程中，每次都是考古學家先喊著需要休息，土著才停下來陪他一起休息。

考古學家也希望能夠早一點到達目的地，好讓自己早日看到文明遺跡，一償長久以來的心願。一路上雖然自己體力明顯體力跟不上，但還是一路堅持著。

崩解慣性思維

你不是缺少創意，只是靈感迷路了

到了第四天，考古學家早上一醒來就催促著打點行李，準備上路。這時候翻譯告訴他說土著拒絕行動，這讓考古學家惱怒不已。

經過仔細的詢問，考古學家這是當地土著的一個風俗。這裡一直傳承著一個古老而又神祕的習俗——在他們趕路的時候，會拼命一般的竭盡全力向前走，但只要走上三天，就必須要休息一天。

考古學家便好奇的向他們打聽為什麼在他們的部族中會有這種耐人尋味的休息方式。土著非常莊重的回答說：「這是為了讓我們的靈魂，能夠追得上我們趕了三天路的疲憊身體。」

考古學一聽，猛然一驚，心中若有所悟，思考了很長時間後，他似乎想明白了很多事情。他覺得即使這次有任何重大的發現，也都沒有這項收穫有價值。

我們總是感嘆人生的短暫，於是一路上皆是以匆匆的步伐快走。在緊張忙碌的生活中，我們就像一個個被上緊了發條的機器不停的運轉。但我們是否靜下心來真切的感受過，我們每個人只不過是宇宙間的一粒塵埃，整天的飄來飄去，也不知道未來將會怎樣？但是在我們每個人的生命裡，都有一個自由的自己，一個更加真實的自己，一個渴望寧靜的心靈。人生的意義，不過就是發現自己，成為自己，最終回歸自己，回到那個最好的自己。所以請讓塵埃落定一會兒，聽聽自己的心究竟想要什麼？

放下自己以往的所有功過得失，以平和的心態去感悟自己的生命，以求獲得心理上的慰藉。面對人生失意的人們想要學會放下自己，重新鼓起生活的勇氣，我們需要做到：

第一，全面瞭解自己。

全面瞭解自己，將自己的興趣、愛好、專長以及所具備的能力等全面列出來，哪怕是極其細微的方面也不要忽略掉，然後再把這張清單拿出來去和周邊的朋友進行對比。不論別人的成績是好是差，其身上都有著值得我們學習的東西，因為「三人行必有我師焉」。放下自己的第一步就是要先把自己掏空，然後才能從別人身上吸取優點，改正自己的缺點。

第二，擺脫莫名的恐懼。

對於不熟悉的事物，我們很自然的會產生恐懼。放下自己，要求我們從內心裡面擺脫莫名的恐懼，從而可以讓自己抓住機遇。美國最偉大的推銷員曾說：「如果你是懦夫，那你就是自己最大的敵人；如果你是勇士，那你就是自己最好的朋友。」所以，擺脫掉恐懼，放下自己卑微的心態，之後才可以用積極的心態去迎接挫折。

第三，隱藏自己的智慧。

大智若愚，是在愚笨的外表之下隱藏著大智慧。因此，我們必須把大智若愚和真正的愚笨區分開來。隱藏自己智慧的光芒，可以給別人更多的發揮空間，同時也是放下自我的優勢的一種做法。只有如此，才可以讓自己抱有學習的心態去和別人進行交流，從而發現自我的不足之處。

學著放下自己，才能看到更多的東西，才能在學習生活中激發我們努力拼搏的信心和勇氣，才能求得在創新之路上不斷進步。

【小發明大創造】

墨水的發明

大約在西元前二世紀，中國人發明了墨水。這時埃及也有了墨水。古代中國人和埃及人採用的都是油燈的油煙和水以及明膠混合製成墨水，這是世界上最早的墨水。一八三四年英國的史蒂芬斯開始在英國製造出書寫用的墨水，十五年之後這種墨水大量生產。墨水的發明很大的促進了世界文化的發展。

【小故事妙思維】

送花生之後

美國宣傳奇才哈利很小的時候曾經在一家馬戲團做童工，主要工作是在馬戲場內叫賣一些小零食。但由於前來看表演的人不多，買這些零食吃的人就更少了。

有一天，小哈利的腦瓜裡誕生了一個奇特想法：向每一個買票的人贈送一包花生，以此吸引觀眾。起初，老闆不同意這個荒唐的想法。哈利就用自己微薄的工資作擔保，懇求老闆讓他試一試。於是，馬戲團賣票的時候就說：「來看馬戲表演吧，買一張票送一包好吃的花生喔！」經過這樣的宣傳之後，觀眾比往常多了幾倍，零食的銷量也大大增加了。

思維比知識更重要

一個人的資訊來源越廣泛，見到事物越開闊，在面對同樣的問題時候，所產生的想法就會越新穎。人類社會的發展，是從思維開始的，正是有了思維，才出現了創新，有了發展，才有了人類幾千年的歷史。

在古代，人們曾給思維蒙上了一層神祕的面紗。古時候的人們認為，人是萬物之靈，思維是靈魂的活動，從而這也就導致了宗教的產生。

後來，隨著人類認知的提高，人們發現一旦心臟停止了跳動，思維也就停止了，所以就錯誤的把心臟作為思維的器官。比如古希臘哲學家亞里斯多德就認為心臟至高無上，而人腦只不過是無關緊要的一個器官。在古代也有過「心之官則思」的說法。隨著科學的發展，科學家逐漸證實了人腦是高度組織起來的複雜的物質系統和機能系統，是思維的物質基礎。

諸葛亮在自己少年時，曾和徐庶、龐統等人同拜水鏡先生為師。三年的拜師期滿，一天早晨，水鏡先生把大家召集起來說：「從現在到午時三刻，誰能想出個好主意，得到我的許可走出水鏡莊的話，誰就算是學成出師了。」

弟子們都陷入到了深深的思考中。有的弟子說：「莊外失火了，我要出去救火。」先生微笑著搖了搖頭。有的弟子謊稱：「家有急事，要趕緊回家。」先生對此更是毫不理睬。

龐統這時說：「先生，如果你能讓我出去，我一定能想出辦法，請先生允許我到莊外走走。」先生也不為之所動。

眼看午時三刻馬上到了，諸葛亮腦袋一轉，想出一計。只見他怒氣衝衝的跑到前堂，指著先生的鼻子破口大罵：「你這個先生太刁鑽了，盡出這樣的爛目，我不當你的弟子了，你還我三年的學費，必須馬上還我！」

諸葛亮的幾句話就把先生氣得臉色發青，渾身顫抖，厲聲喝道：「快把這個畜生給我趕出去。」

諸葛亮還假裝著不想走，最後被徐庶、龐統硬給拉了出去。但是一出水鏡莊，諸葛亮就哈哈大笑，跑回到院內，跪在水鏡先生面前說：「剛才為了考試，不得已冒犯恩師，弟子甘願受罰。」先生聽完後這才恍然大悟，立即轉怒為喜，拉起諸葛亮的手高高興興的說：「我教了這麼多的徒弟，只有你真正出師了。」

諸葛亮的妙計出師之所以被人們傳為佳話，是因為諸葛亮巧妙運用了假戲真做的創新思維方法，這一創新思維妙就妙在既出乎人們的意料，又合乎情理。

思維是人類最本質的特徵，是人類在與大自然鬥爭過程中，為了求得自身的生存和發展，經歷了幾百年進化而獲得的一種特殊機能。

我們的思維是一種極其複雜的心理現象，心理學家與哲學家都認為思維是人腦經過長期進化而形成的一種特有的機能，並把思維定義為：「人腦對客觀事物的本質屬性和事物之間內在聯繫的規律性所作出的概括與間接的反映。」

一般情況下，人們最愛犯的一個毛病就是經常注意到自己的知識貧乏和記憶力不好，主動去想辦法改善，然而很少有人會注意自己的思維能力，更想不到去培養、提高。在大多數實際生活場景中，當我們處理具體的事情的時候，思維能力往往比知識和記憶力更重要。

【小發明大創造】

真空管的發明

一八八五年，三十歲的英國電氣工程師弗萊明受「愛迪生效應」的啟發，決心製作一種更加便捷好用的照明工具。反覆試驗之後，他終於發現，如果在真空燈泡裡裝上碳絲和銅板，分別充當陰極和陽極，則燈泡裡的電子就能實現單向流動。經過多次實驗，一九〇四年，弗萊明研發出一種能夠充當交流電整流和無線電檢波的特殊燈泡——「熱離子閥」，從而催生了世界上第一支真空管，也就是人們所說的發光二極體。

【小故事妙思維】

愛迪生與燈泡

愛迪生為了找出最好的白熾燈泡燈絲材料，做了無數的試驗，失敗次數超過了一千兩百次。一個唯利是圖的商人便諷刺他這是浪費生命，毫無成就可言。愛迪生聽後哈哈大笑：「我已經有很大的成就，我至少證明了一千兩百種材料不適合做燈絲。」

打開心中的一把「鎖」

人們每天都要走路，但是卻很少思考一下自己所走的路。

心理學家認為，慣性是心理活動的一種準備狀態，是過去的一種習慣性的想法對自己現在想法的影響。

一代魔術大師胡迪尼最拿手的絕活就是開鎖，他曾經為自己定下一個富有挑戰性的目標：無論多麼複雜的鎖，都要在一個鐘頭內打開。

英國一個小鎮的居民聽說了這件事情以後，他們特意打造了一間堅固無比的鐵牢，並且還配上了一把非常複雜的鎖，向胡迪尼發起挑戰。

胡迪尼也欣然接受了這次挑戰，他走進鐵牢把牢門關了起來。胡迪尼用耳朵緊貼著鎖，專注的工作著。三十分鐘過去了，四十五分鐘過去了，一個小時過去了，鎖依然紋絲不動，這個時候胡迪尼的頭上開始冒汗了。

兩個小時過去了，胡迪尼還沒有聽到鎖彈簧彈開的聲音，他筋疲力盡的將身體靠在門上坐了下來，令他意想不到的事情發生了，牢門居然打開了。原來牢門根本就沒上鎖，而是胡迪尼心中的門自動上了鎖。

在現實生活中，我們也會常常碰到類似問題，當我們長期處於某種單一的環

打開心中的一把「鎖」

境，不停的重複某一活動或者反覆思考同一問題時，慢慢的就會形成一種思維習慣，這就是我們所說的慣性思維。慣性思維已經完全融合到我們的生命中，每當我們再碰到同類問題時，思維活動便會自然而然的被這種慣性思維給限制住，在這種慣性思維的作用下，會讓我們在環境、條件等都發生明顯變化的時候仍然不願意主動做出改變。

明朝著名的文學家、思想家顧炎武在《日知錄》一書中，記載了這樣一個故事。

洛陽有個人叫錢思公，此人雖然家財萬貫，但是品格高尚，生性節儉。錢思公的好幾個兒子儘管都已經長大成人了，但是錢思公除了逢年過節之外，平時一點兒零用錢都不給他們。

錢思公收藏了一個用珊瑚做成的非常珍貴的筆架，雕刻得十分精美，這是他最心愛的東西，他把它放在書桌上，每天都要好好欣賞一番。如果一天看不見這個筆架，他就會心神不寧、寢食難安。

錢思公的幾個兒子也知道父親對這個東西情有獨鍾。他們若是誰缺錢花了，就偷偷的把筆架藏起來，錢思公就會懸賞尋找寶貝，等拿到賞錢以後再把筆架悄悄的送回去。慢慢的他們習慣了用這種辦法來換取零用錢。一年下來，錢思公家

崩解慣性思維

你不是缺少創意，只是靈感迷路了

裡至少要發生好幾次這樣的事情。

在講完這個故事後，顧炎武感嘆道：錢思公雖然有高尚的品德，可惜他因為有一個短處被兒子們知道了，所以常被自己不孝的兒子愚弄，這也是令人感慨的事情。

這個故事聽起來雖然有點誇張，你可能會懷疑這個世界上真的會有這樣的人嗎？

實際上，從行為科學的角度來看，這是一個典型的慣性思維的事例。錢思公心愛的珊瑚筆架就是他的軟肋，在一次又一次筆架失而復得的過程中，在他腦海中就形成一種慣性思維：「我的筆架之所以經常被盜，說明了我這個筆架很值錢，只有值錢的東西才會令小偷眷戀，但是只要我能給出足夠的懸賞金，就一定能把它找回來。」錢思公對這個筆架的鍾愛以及他頭腦中的慣性思維，形成了限制他的兩把鎖，只有打開這些相對固定的鎖，才能不被蠱惑，全面的認知周遭的世界。

【小發明大創造】

數位相機的來歷

一九七三年，沙森碩士畢業後進入柯達公司，成為柯達公司應用電子研究中心的一名工程師。一九七四年，他擔負起發明「手持電子照相機」的重任。次年，第一台照相機原型機在實驗室中誕生，他也因此成為「數位相機之父」。

【小故事妙思維】

專業相配

經理對老闆說：「約翰這個人真讓人無話可說，他一上班就打瞌睡，我前後給他換了三、四個部門，可是他依然改不了這個毛病。」

老闆說：「讓他去賣睡衣吧，在他的身上放一則看板，『優質睡衣，當場示範』。」

東方不亮西方亮

一個人只有不斷給自己的頭腦添加知識的柴火，才能讓智慧的火焰燃燒的更旺。

「環球牌」菸草公司進過一段時間發展後，需要拓展市場，公司派出一名推銷員到某一個世界著名的旅遊區進行推銷。由於這個旅遊區很熱門，香菸市場早已經被許多名牌香菸所占領了，所以，要想打入這個幾乎飽和的市場，採用常規的方法在短時間內肯定行不通。

這位推銷員經過一番考察，他決定另闢蹊徑，於是他從各個角度出發，來尋找一個打入這片市場的門路。皇天不負有心人，終於讓他想到了一個辦法。他請人製作了許多大型的標語牌，豎立在一些「不准抽煙」的公共場合，這些標牌上面醒目的寫著：「此處禁止吸煙，連環球牌香菸也不可以。」這種標語牌立刻就激發了遊客們的好奇心，大家對環球牌香菸的充滿了好奇，都想知道這是一個什麼樣的香菸，就這樣，環球牌香菸順利的在這一地區打開了市場。

在現實的生活中，我們會遇到各式各樣的事物，有些能夠滿足我們的需要，對我們有價值，而有些則對我們可以說是毫無用處，也就是沒有價值。但是我們常常會遇到這樣的情況：同一件物品，對一個人來說非常有用，而另一個人可能會覺得毫無價值。這就是人與人之間在價值觀念上的差異，而有些創新思維往往就是從這些差異中迸發出來的。

就拿酒吧服務員端來的啤酒中漂著一隻蒼蠅的事件來說，不同國家的人看到之後會有不同的反應。法國人會大聲把服務員叫過來大罵一頓，並說一些難聽的話，然後就揚長而去；英國人則會默不作聲，再要一杯，喝完之後付兩杯的酒錢；美國人會叫來服務員要求換一杯，只付一杯的酒錢；德國人會冷靜的判斷，酒精有殺菌作用，於是將蒼蠅拿出來，一口氣將啤酒喝光；俄國人根本不會發現蒼蠅，端起來後一飲而盡；日本人則會把店員叫來發一通脾氣，希望結帳時能夠少算一些錢。

因此，我們可以看出，價值觀念會影響人們觀察問題的視角，而在科學研究中，價值觀念的轉換往往意味著創新。每個人在思考問題的時候，往往會在一定程度上受到知識水準的限制，大腦中的知識儲備會對人們觀察問題的角度產生影響。比如，讓放射科的醫生和一位不懂醫學的人看同一張胃部的X光片，兩個人所看到的內容往往會大不相同，這顯然並不是由於他們的視力或者其他方面有差異，而僅僅是因為對醫學知識的瞭解不一樣。

在一次猜謎燈會上，有人出了這樣一句歇後語：「張飛碰李逵……」結果歷史學家回答說：「不可能。」氣象學家說：「大發雷霆。」作家回答：「英雄惜英雄。」員警則回答：「黑對黑。」

由於他們幾個人的知識儲備不同，上述四個人面對同樣的問題，就會回答出不同的答案。我們每個人在做事情的時候，往往都會有一個明確的目標，這就是實踐的目的。

實踐的目的引導著我們的思想和行為，不同的人在觀察同一個現象時，會由於受到其目的的影響而不能全面的看待所考察的事物，只能注意到對自己有用的那一小部分。

當對一個目標直接進攻失敗時，不妨退一步，想一想，不要累死在一條路上，若是撞到一面牆上，應該學會繞道而行。這樣，你將會體會到「山重水複疑無路，柳暗花明又一村」的感覺。

【小發明大創造】

原子筆的來歷

原子筆這一個名稱出現的時間約是一八八八年，根據資料記載，一位名叫約翰．勞德的美國人曾設計出一種利用滾珠作為筆尖的筆，但他沒有做進一步的研究，這種初期的原子筆因為功能的不健全，未能流行於世。

直到一九三六年，匈牙利的比羅對這種筆很感興趣，進行了長時間無數次的試驗，有一次，他用一根鋼管灌滿速乾油墨，在一端裝上鋼珠作為筆尖。然後，他在各種能書寫的材質上進行書寫試驗，發現均可留下抹不掉的痕跡，而且筆管內的油墨也不易溢出，試驗成功了。這種筆輕巧方便，書寫流暢，逐漸的成為人們十分青睞的書寫工具。

【小故事妙思維】

牽牛

有一天晚上，大思想家愛默生和兒子準備把牛牽回牛棚，父子倆一前一後用盡了所有的方法和力氣拉牛，牛就是不走。這時候，一個女傭人看見他們兩個男人累得滿頭大汗也無濟於事，於是就上前幫忙，她手裡拿了一些草讓牛悠閒的吃，邊喂邊往牛棚裡走動，牛就自覺的跟著她進了牛棚。

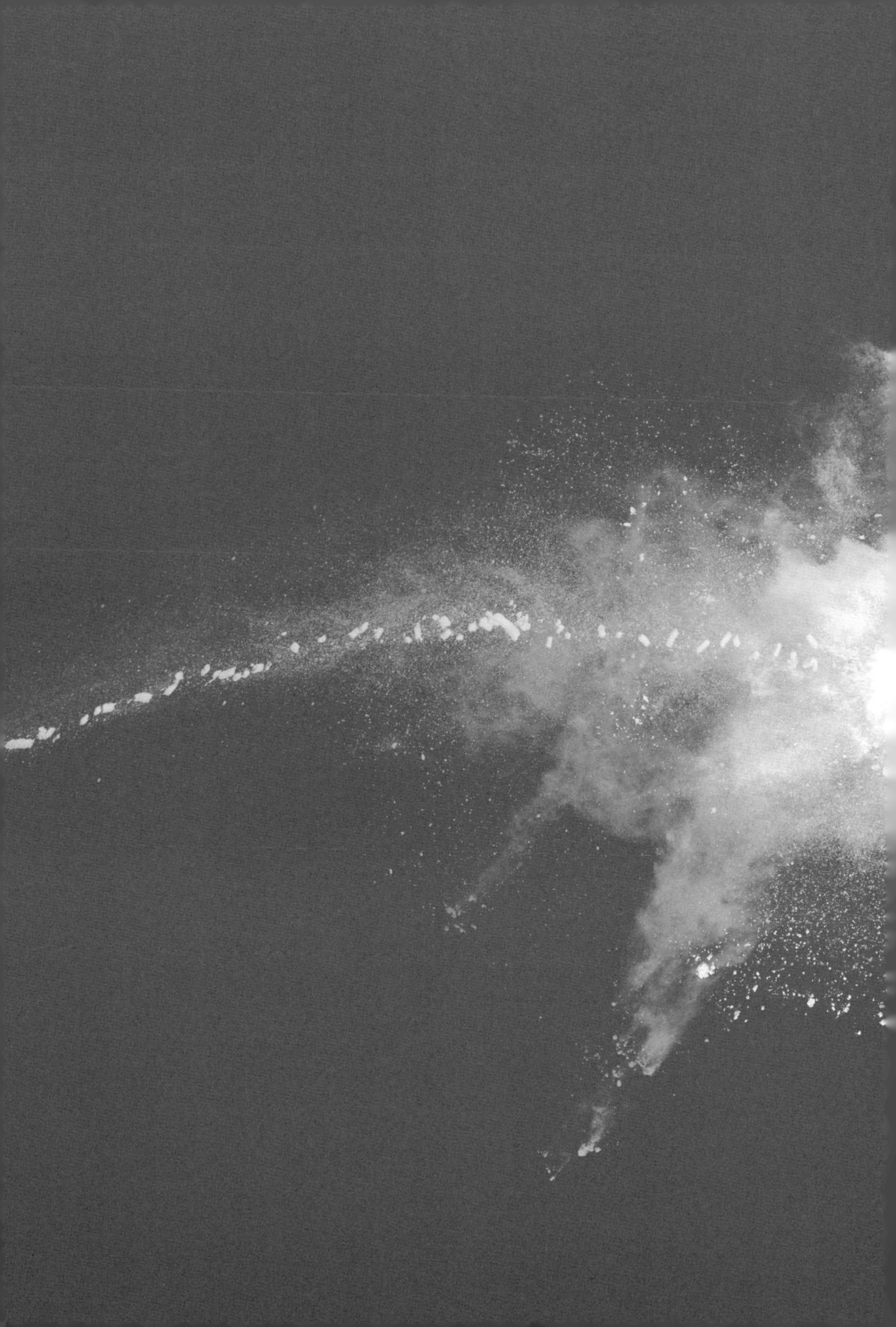

官網

國家圖書館出版品預行編目資料

崩解慣性思維：你不是缺少創意，只是靈感迷路了 / 劉惠丞，楊忠　著．-- 第一版．-- 臺北市：清文華泉事業有限公司，2021.01
　面；　公分
ISBN 978-986-5552-57-2(平裝)
1. 創意 2. 創造性思考 3. 成功法
176.4　　109021397

崩解慣性思維：你不是缺少創意，只是靈感迷路了

作　　者：劉惠丞，楊忠　著
發 行 人：黃振庭
出 版 者：清文華泉事業有限公司
發 行 者：清文華泉事業有限公司
E-mail：sonbookservice@gmail.com
粉 絲 頁：https://www.facebook.com/sonbookss/
網　　址：https://sonbook.net/
地　　址：台北市中正區重慶南路一段六十一號八樓 815 室
Rm. 815, 8F., No.61, Sec. 1, Chongqing S. Rd., Zhongzheng Dist., Taipei City 100, Taiwan (R.O.C)
電　　話：(02)2370-3310　　**傳　　真**：(02) 2388-1990
印　　刷：京峯彩色印刷有限公司（京峰數位）

定　　價：299 元
發行日期：2021 年 01 月第一版

臉書　　蝦皮賣場